林從一——著

活出最值得過的人生

認識自己×轉換視角×抉擇未來

帶你穿越生命迷霧的66則思考智慧

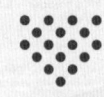

目錄

推薦序

作者序

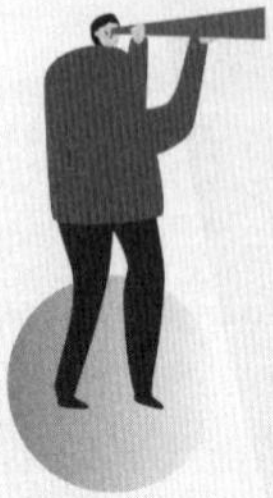

輯一　觀自我

1 真實的活著

2 認識自己

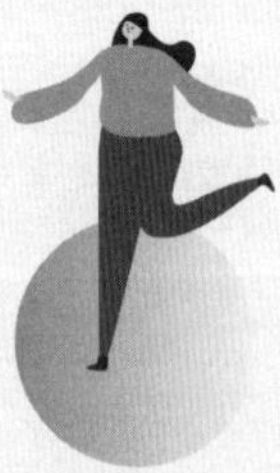

輯三 探真理

輯四　練智慧

推薦序

擺脫迎合與迷茫，找到自己的人生動力

教育部次長、臺灣大學電機工程系教授
——葉丙成

如果你問我，過去二十年來，教育最大的問題是什麼？我會說，是迷茫。

在我們的社會，許多人從小到大，背負著太多大人的期待。在成長的過程中，常是被設定要為了考上好高中、好大學而努力。在這些極其明確的目標下，國中三年、高中三年，人生都是被念書、考試、補習所填滿。至於自己要過什麼樣的人生？自己是什麼樣的人？要如何過有意義的人生？這類的問題，在成長的過程中，從來不曾被重視，也少有師長會跟他們深入探討。

就在日復一日念書、考試的循環中，疲憊的試場戰士們，終於上了大學。但上了大學之後，拔劍四顧心茫然，戰士已然不知該為何而戰。他們個個都像是被緊撐六年的橡皮筋，在上大學的一剎那，瞬間彈性疲乏。許多人心中滿是疲憊後的迷茫，不知人生的下個目標是什麼？是要再次成為研究所戰士？還是拚高薪戰士？心中不斷問自己：「人生最寶貴的大學黃金四年，難道又要在迎合他人期待的汲汲營營之中，任其流逝嗎？」

教書二十餘載，我看過太多年輕人，就在這樣的迷茫中失去了人生動力。因為不知為何而戰，不知人生的意義，以至於對人生完全提不起勁。在少子化的台灣，每個年輕人都很重要，但看著越來越多年輕人因為迷茫而失去動力，每每都讓我覺得很痛心。要重新找回人生的動力，最根本的關鍵，就是要開始思考什麼才是自己最值得過的人生。然而在大學裡除了少數通識課程，這樣的議題少有課程會教，實在令人憂心。

這也是為何當看到林校長親撰的這本新書，我非常高興，因為它正是最棒的解方。書中收錄了六十六則關於人生的思考，從觀自我、換視角、探真理、練智慧四個面向切入。篇篇文章都非常引人入勝，不僅有故事，也有嚴謹的哲學思考，每篇文章都是能讓人細細咀嚼思考的好文。透過閱讀這六十六則關於人生的思考，能讓讀者逐漸認識自己、找到人生的意義，並勾勒出屬於自己的人生圖像。

不斷推石頭上山的薛西弗斯、不斷伐桂的吳剛，他們的人生看似一成不變，日復一日不斷重複，這似乎是最可怕的人生詛咒。但林校長在書裡告訴大家，即便是這樣的人生，也都可以從中找到重要的價值。只要能看到那些價值，也能讓一成不變的人生，重新找到動力——至於是哪些重要的價值？我就把閱讀的樂趣留給大家，不在此爆雷。

如果你或身邊親人對於人生感到迷茫，對於人生失去動力，我推薦這本好書。希望有更多人能從中得到寶貴的人生智慧，了解我們該如何活出最值得過的人生！

推薦序

實用的哲學，活出真實的快樂

台中市惠文高中圖書館主任
——蔡淇華

你活出的是最真實的自己嗎？

林從一博士在這本書中，舉出美國哲學家諾齊克（Robert Nozick）的「真實四要素」評斷指標，分別是價值、意義、分量、力量。

林博士指出，價值需要內在整合，包括一個人的愛、知識、創新跟專注；意義是一個人與世界的關係；分量是一個人對抗世界風險的韌性與穩定度；而力量就是一個人影響這個世界的強度。

林博士很會說故事，例如他會用東方砍樹的吳剛與西方不斷推石頭上山的薛西佛斯來做比較，讓大家去思考生命的意義。

書中最感動我的，是YOLO的真義。YOLO是You only live once四個字的縮寫，也就是我們一輩子「只能活一次」，也因為如此，我們一定要在有限的人生中，認識自己，活出最真實的自己。

林博士提出許多認識自己的方法，例如「得意現形法」、「實境習覺法」、「活出自己法」、「書寫自我法」、「脈絡錯置法」、「幸福觀察法」，甚至可以透過告別自我，來發現自我。總之，在不同的轉換視角之後，就可以看出一個最清晰立體的自己。

林博士也提醒我們，快樂是價值的鑑定師，快樂是個好東西，不要去拒絕快樂。但事實上，世上有三種快樂，包括「部分欲望被滿足的快樂」、「眼前所有欲望都獲得滿足的快樂」，但林博士提醒我們，第三種快樂才是最重要、也最容易被忽略的快樂，那就是「根據理想、原則、志向，活出善原形的高價值快樂」。

當然，人生不是只有快樂，人生充滿了傷痛與壓力，所以林博士也在書中教我們，如何用新的視角去看待傷痛與壓力，最後學會撫慰自己的傷痛，甚至有能力撫慰他人的傷痛。

林博士提醒我們，「專注的心沒有黑暗」，因此應該專注在人生的目標，例如使用「二分之一人生目標法」。也就是將人生分成兩個半生，每個半生可以設定一個目標。就好像現代人的職場是個半生，退休後又是另一個半生，但是都不能沒有目標，否則無法走出黑暗。

林博士也建議我們應該活出尼采的精神三變：駱駝、獅子、嬰兒。人生一開始就像隻駱駝，被環境所宰制，無力改變環境；然後變成獅子，有能力操控環境，但最後一定要成為返璞歸真的嬰兒，重新回到真實的自己。

這本書不談空洞的哲學，講的是哲學的應用，提醒我們在人生的各個階段，如何用哲學去思考、學習、活出最大的意義與效益。

讀完這本書，真的相信哲學是實用科學。非常推薦這本好書，祝福大家翻閱這本書後，開始在哲學中修練智慧，活出自己，成為更好也更快樂的人！

推薦序

解決各種人生問題的百寶箱

成功大學資訊工程系教授、
社團法人中華民國愛自造者學習協會創辦人
——蘇文鈺

林從一老師剛到成大擔任副校長我就認識他了，因為他要負責帶領大學社會責任計畫，而我因為長年經營一個偏鄉科技教育服務非營利組織，所以被找去開會。這是我人生第一次與哲學家見面討論事情，有點忐忑。所幸，這位哲學家與孔子給人的印象接近，大鬍子的他望之儼然，講起事情來即之也溫。

很多人問我，在ＡＩ大興的年代學生該學些什麼，可能是長年看林老師的文章，也可能是我這十年來經常讀哲學相關的書，我的答案總是哲學。如果追問哲學有什麼用？我會說，哲學幫助我培養思辨能力，知道誰在胡說八道（哈佛大學一位院長提到念大學的目的時也是這麼說的）。這是一個做任何事都希望有具體目的與用法的理工男的標準做法。

古往今來，哲學的目的一在問問題，一在試圖給予解答。什麼是一個「值得過的人生」無疑是一個好問題。相較於「我是誰？」「人為什麼生存在這個世間？」「存在的意義是什麼？」這類典型的哲學問題要實際很多，至少對我這種理工男來說，我想知道自己該怎麼做才能讓人生沒有白活，才可以獲得人生的意義，才可以感到快樂。這本書正像是一本具備很多公式的微積分課本，或是有著很多用來解決系統開發的設計模式（design patterns）的工具書，十分貼近生活與需要。

本書最棒的地方是當中有許多故事，且多是來自林老師身邊的真人實例，有的是關於他的老師，有的則是他的學生，有的來自他的孩子，讀起來讓人容易感同身受。即使當中的哲學觀念需要時間咀嚼才有辦法融通，然而僅僅透過這些故事，也能為我們帶來指引。

我特別舉書中一段佛與國王的對話來總結：

王：「如何找到通往快樂的道路？」

佛：「找不到的，因為快樂就是道路！」

我一向認為人生沒有意義，但即使如此，一個人仍可決定是否要讓自己的人生充滿價值。羅曼．羅蘭（Romain Rolland）曾說：「這世間只有一種英雄主義，就是認清生活的真相之後，依然熱愛生活！」

無論你是學生、老師、家長，還是為人子女，都能從這本書中有所收穫。

作者序

在人生轉角遇見哲學

要介紹這本書，可以從這本書的緣起來說，也可以從我的理想「哲學蜘蛛人」拉開序幕。且讓我先從後者細細道來，因為那是一個更深遠的故事源頭。相傳人類起源於非洲，隨著時間散落到各地。幸好，有故事一代代的傳頌，讓人們得以保有共同的心靈基因。

在非洲的故事傳統中，最重要的說故事人是「可愛的騙子」阿南司（Anansi）。阿南司常以蜘蛛的樣子出現，所以又叫「蜘蛛人阿南司」。

從前，沒有任何東西帶來希望，沒有任何東西帶來喜悅，人類世界充滿悲傷。阿南司不忍見到人類悲傷，他想起，每當人們聽到故事，不是臉上堆滿笑容，就是心中充滿希望。但是，哪裡可以找到故事呢？

當時，世上所有的故事都收藏在一個盒子裡，放在天帝納米（Nyame）的腳邊，只有在納米高興的時候，才會拿出一兩個故事隨手拋向空中，隨風飄散；耳朵靈敏的人機緣巧合才會聽到，然後喜悅的向人們傳送。由於蜘蛛人阿南司的堅毅、勇敢與睿智，完成了天帝納米的交換條件，故事盒偶然卻似注定的傳給了阿南司。順著蜘蛛網編織的梯子回到人世間，阿南司一打開故事盒，過去的故事、現在的故事、未來的故事、所有的故事一窩蜂的往外跳、四處飛。就這樣，不必翹首天上，不必等天帝心情好，不必耳朵靈敏，只要你願意，就算在人間，也能聽到很好聽、很好聽、很好聽的故事。

我希望自己是個「哲學蜘蛛人」，在天地、自然、科學與人心裡編織知性與感性的網，捕捉、蒐集哲學故事，將哲學故事撒向天空，隨風飛揚，飄進人們耳中，帶來一些智性的喜悅與生命的希望。

故事，幾千年來不斷傳播，彼此交織。故事中的思想取鏡與行動取徑，讓人們能夠理解自己、他人、社會與自然，讓我們能想像各種行動策略，以便優游在複雜的世界中。分享與理解這些故事越多，人們就越理解自己、他人與生活世界。正如南部非洲的諺語：「每個人都是透過其他人而成為人的。」我們每個人都是透過各種故事而活出自己的故事的。

本書是二〇一七年《最值得過的人生》的改版，去蕪存菁融合重構，同時摘入二〇二〇年《誰在森林後面》部分內容，再加入近四年的所思所得。新書之於舊版，擴增或新寫的部分多於一半，名稱雖像舊版，打開來看，其實新意滿滿。

《最值得過的人生》是與女兒的對話，寫作初衷是陪伴遠赴美國上大學的女兒，但出版初衷則是祝福每個人走出自己的路。希望讀者能用有生命溫度的思考，來面對人生路上的種種。《誰在森林後面》是一本哲學之旅小說，以對答方式，希望讀者在一個又一個「人類遊戲」的哲學森林中，誠懇面對自己、面對生活、面對生命，勇敢的去探索。期待讀者發現，穿越森林後，在森林後面的那個人，其實是真正的自我。

擴展視角與思考的三角對話

《活出最值得過的人生》希望能有《誰在森林後面》的哲學深度，又有《最值得過的人生》的生命溫度，有深度有溫度卻又不要理論負擔太重，像是一趟城市近郊的登山健行。

我建議諸位試著用「三角對話法」來閱讀本書。三角對話法中的第一個角是我們遇到的某個人生問題，例如意義感危機、選擇難題、愛情困擾、閱讀困頓、學習無力。第二個角是自己，特別是自己對於相關議題既有的價值與認知框架、經驗與習慣。對話的第三個角，便是本書中相關主題的討論。

三角對話是一個三角定位（triangulation），以其中兩個角度來定位第三個角度；三角對話也是一種整體主義，越了解三角相互整體的關係，就越了解三角中的任一角。這也是一種詮釋的循環，人生問題、自我框架與本書視角三者間的相互對照，彼此之間形成不斷來回的詮釋迴圈，三者之間彼此揭露面紗。這本書揭露讀者與人生一層面紗，讀者與人生就揭開本書一層面紗；讀者揭開人生與本書一層面紗，人生與本書就揭開讀者一層面紗……。

對話本身就是一種學習，我們可能從中獲得了一些解答，但更多的是產生了更好的問題。就算得到解答，那些解答也大多不是直接來自人生問題、自我框架或本書視角，而是來自於三者之間來來回回對話所構成的整體視野，「視角擴展且思考深邃」是我希望讀者能獲得的。

邀請讀者思考哲學、學習與人生

如果教師願意帶領學生成長，這本書應該也可以提供很好的幫助。以書中的一個章節為討論對象，帶領學生反思自己對相關議題的既有想法與感觸，並觀察真實生活中的相關現象，然後進行三角對話法。三角對話的切入點，可以是學生的自我反思或生活經驗的觀察報告，也可以是經典典籍或社會現象的研究報告。

本書也是一個思想工具箱，工具箱裡有許多功能不一的思想小工具，但是沒有大體系、大理論，沒有一體萬用的全能工具。這個思想工具箱只提供一些關於哲學、學習與人生問題的思考小角度、量測小方法及操作小建議，裡面唯獨沒有一種叫做「答案」的工具。

「學問是為己之學」，當讀者遇到問題時，這個工具箱不會自動提供答案，只有當讀者開始自己動腦、動手時，思想工具箱才會與讀者一起界定問題、詮釋問題與解決問題。而每一個問題、每一個處境、每一個人都是特殊的，特殊的人必須在特殊的處境中處理特殊的問題，所以每一次都需要審時度勢，從思想工具箱裡挑出適合的工具；每一次都需要詮釋轉譯，想想手邊的工具如何應用在眼前特殊的問題情境；每一次，都需要想想如何同步調整自己、工具與問題切入點。

很快的，你會發現這個思想工具箱中的工具並不夠用，必須自己發明工具。最後，你會發現，工具箱中的工具越來越清晰、越來越完整，而且有了自己切身的思想工具箱。

如同《最值得過的人生》，本書也是一個邀請，邀請讀者一起思考哲學、學習與人生；更如《誰在森林後面》，本書是一種智性的陪伴，陪伴讀者認識自己、轉換視角、實踐智慧、闖過難關。

人生路上常有迷惘、歧路、困頓與挑戰，或許先緩一緩、靜一靜，閱讀本書，讓哲學引領我們撥清迷霧，智闖難關，看見出路。

輯一

觀

自我

真實的活著

認識自己

1 真實的活著

生命不只是存在，也不只是被動的反應外在環境。我們應該要積極的行動，無論是外在的或是內心的行動，讓自己有活著的感覺。

聽見自己的聲音

我經常不時會問自己「所為何來？」也就是「這件事有沒有意義？有什麼意義？」這麼做能讓我們超越現況，重新開機。

雖然我們常常忽略、躲避或拒絕，但事實上，我們的心在最適當的時候會逼著自己問自己「所為何來？」真正要做的只是練習聽見自己的聲音。

有一天，朋友載我去另一位朋友開在台北市松山區的咖啡店，位置靠近松山車站，這讓我想起了高中同學，他就住在舊松山車站附近的軌道旁。

這位同學是所謂的外省第二代，如同當時許多外省家庭，社會條件差，經濟條件也差，從同學家與附近許多類似的建築可以看出來，這些房子幾乎全是違章建築，比眷村的生活條件還要差得多。房子沿著鐵道兩邊堆積起來，房子與房子之間、家與家之間的分隔不清不楚。個頭高的我總是得在彎彎曲曲的走道中不時低頭、轉身閃避，三輪車、貓狗屎、饅頭蒸氣，空氣中的氣味充滿存在感。

高中的我喜歡賭博，常去這位同學家裡賭，賭得昏天暗地的。奇怪的是，我從來沒見過他的父親與母親，只是常常從陰暗房間的一角，聽見他與父親或母親之間不耐、應付的對話，非常短暫，三兩聲就沉寂下來，很快被哇沙哇沙的麻將聲與幾個高中生的恣意笑聲掩蓋過去。

奇怪，當時完全不留意的畫面現在變得如此鮮明，同學父母親的聲音變得如此清楚，我突然關心起他們現在如何，有點不齒自己當時對他們不曾聞問。

人生故事不好好演，就謝不了幕。

有一天，輸得一塌糊塗，冷冷的半夜趕去搭最後一班公車，摸摸口袋，發現一毛不剩；更險的是，學生公車月票居然只剩一格，而且是四分之三殘格。等車的時候，冷風吹來，覺得悲慘，問自己，「我在幹什麼？」從此戒掉賭癮。那是高二下學期的一個冬天。

什麼時候自己最真實

如何真真實實活著？如何活得踏實？什麼時候我們感到自己最真實？這是一個重要問題，當一個人最像自己的時候，最真實；當一個人活得不像自己的時候，這哪能叫活著？

這其中的真假涉及「真實性」的概念，但很少人分析這個概念。以下先介紹美國哲學家諾齊克（Robert Nozick）對真實性的分析。他認為真實性包含四個基本要素：

- **價值（value）**
- **意義（meaning）**
- **分量（weight，可理解為韌性）**
- **力量（importance，又稱為重要性）**

價值＝內在性╳整合性

任何一個系統，大如宇宙，小如粒子，抽象如數學理論，具體如桌椅、人生、社會，其價值決定於這個系統的異質整合度。

一個系統構成材質彼此之間的異質性越高、整合度越高，所構成的系統價值就越高。一個有機整體的異質整合度就是它的價值。

在固定住一個系統的整合度後，如果該系統的構成成分彼此之間異質性越高，那麼該系統的異質整合度就越高，因此該系統的價值就越高。另一方面，在固定一個系統的構成成分後，該系統的價值就會隨著它的異質整合度而增加。

創造價值的主要方式包括：

- **愛**
- **知識**
- **創新**
- **專注**

愛與專注是消融主客邊界的力量，讓我們與他人和世界更融合，讓生命更豐富。知識則是主客一致的狀態，無論是我們讓自己的主觀狀態符應了客觀世界，抑或是讓外在世界依照我們的主觀理想建構起來，主客邊界仍舊存在，但因為知識，主客之間具有共同的邏輯結構。創新則是為系統增加了新的元素，透過增加系統的多樣性來增加價值。

不要讓自己成為單一面向的人，不要讓生命被拉扯成一盤散沙。

意義＝關係×整合性

我們希望自己的人生不僅具有價值，也同時具有意義。一個系統的價值決定於它內部構成成分的整合程度，而一個系統的意義決定於該系統與系統界線外的某些事物的關聯。

意義的問題常常發生在「界限的問題」出現時，這也就是為什麼當人們發現自己的存在界線時、特別是面臨死亡時，他們會感到憂慮，進而思考人生的意義到底是什麼。

對人生意義的追求，是試圖超越個人生命的限制及界限。有時候是以留下子孫表現出來，有時候是以朝向比自己更偉大的目標前進表現出來，譬如正義、真理或美。

意義是超越與連結的議題。

分量＝內在性×強度

平常，當我們說一個人很有分量時，有時我們指的是此人具有相當大的影響力，有時我們指的是此人很可靠，不易隨環境改變而改變，不因威脅利誘而改變，這裡的「分量」指的是後者，也就是事物的內部維持性。

我們可以這樣理解分量：一個事物的分量是它對外在變化的抵抗度，或者它在改變後恢復原狀的能力。

分量也可以理解為韌性或穩定度，穩定度有許多面向，包括思想穩定度、情緒穩定度、健康穩定度、財務穩定度……。思想穩定的人財務不一定穩定，財務穩定的人情緒不一定穩定，但是每一種穩定度對於整體穩定度都有貢獻，而且我認為，任何一種穩定度發展到一定的高度後，跨過某些門檻，它自身就會產生足夠的力量迅速加深整體穩定度或韌性。

力量＝關係×強度

力量也可以說是重要性，包括權力、名望及物質上的富裕。當一個事物對其他事物產生的影響力越大，重要性就越高。

重要性這個概念不能被化約成意義或價值。並不是每一個有價值或有意義的事物都是重要的，有些非常重要的事物並不具有高度價值或意義。

一個人的肌肉、容顏、金錢、地位、工作、思想、言語、品德等等都具有力量，不要成為一個毫無影響力的人。

再沒有比讓人視為空氣更傷尊嚴的事了，不要成為浮光掠影。

「價值、意義、分量、力量」是真實性的四個基本面向，任何一個面向的增強，真實性就會增加，但天賦與遭遇人人不同，不必強求四個面向都以相同的節奏成長。

如果人生沒有意義

經常在學期一開始就有學生大哉問：如果人生沒有意義怎麼辦？

我會先說結論：人生有沒有意義可以再好好討論，就算沒有意義，還是可以有價值；就算生活總是達不到目的，甚至生命沒有意義，生活與生命本身仍可以活得有價值。接著，我會說「開兒智闖虛無森林」的故事。

虛無森林的守關大將是吳剛與薛西佛斯，吳剛守在虛無森林東邊一個像月球表面的惡地上，薛西佛斯則守在虛無森林西邊一座高聳的火山下。

吳剛守的惡地上，有棵九百公尺高的月桂樹。吳剛在東方仙人學校時犯下大錯，被罰砍伐這棵月桂樹。月桂樹很特別，樹一受創，就立即復原，因此吳剛才砍下開口，樹便再閉合，次次如此，日日如此，年年如此，一直如此。

薛西佛斯在西方仙人學校也犯了錯，所受的懲罰是必須將一塊巨石推上火山頂。每次到達山頂，火山就噴發，巨石又滾回山下，次次如此，日日如此，年年如此，一直如此，永無止境的重複下去。

吳剛砍樹與薛西佛斯推石上山，都是永恆的徒勞無功，看起來完全沒有意義，再也沒有比這種「做無意義的事＋永恆重複」的懲罰更嚴厲的了。

而所有進入虛無森林的人，都會落入與吳剛、薛西佛斯相同的處境，一直重複做著相同的事，永遠不會完成，無所成就。養小孩的母親，孩子一直養不大，眼看要大了，卻又變回小嬰孩；養病的人，眼看快康復了，卻又發病；存錢的人，眼看快達標了，每次都發生意外花用，存款餘額又歸零；上班族努力許久，眼看要升職了，空降的又來搶走……。有些人甚至更慘，在流水線上重複簡單的動作，在牢房裡轉圈踱步……。

開兒匆匆來到，獨自一人進入虛無森林，也不知道是白天或者已經天黑，忽然覺得寂寞。而在最寂寞的寂寞時，心魔偷偷襲來，低語迷亂開兒：

「現在所活的這輩子，你會再重活一次，不僅如此，你會不斷的重活一模一樣的這輩子。每次都一樣，沒有絲毫新的東西，只是重複每一個痛苦、每一個喜悅、每一個想法、每一次嘆息，無論再怎麼微不足道，無論如何偉大，都會按照相同的次序發生。無論是眼前這隻蜘蛛，樹梢上的明月，此時此刻，還有我，都會一模一樣的不斷重複……。」

不細想，還不覺得有什麼，越細想，越覺得心魔的話還真是可怕。心魔說的或許只是一個假想的場景，但開兒心裡清楚知道，心魔說了我們逃避、不願面對的深刻真實。開兒想，就算不是一輩子一輩子重複的過，我的每一天、每一個月、每一年中很多事情也是不斷重複的，甚至重複失敗。雖然人生中不見得每一件事都有意義，但想到這樣全面的無意義，開兒不禁心中破底露出一個深淵，不斷冒出恐懼感。

森林深處的笑鴞發出忽遠忽近的竊笑聲，塔斯馬尼亞惡魔大嘴怪發出進食時的尖叫聲，笑翠鳥柯卡布拉的嘎嘎狂笑，一聲疊著一聲。

一旦有人進入虛無森林，吳剛與薛西佛斯的工作就會轉成守關人的工作，要考驗闖入者能否通關，每次都如此，一直重複如此。吳剛兩手插腰，薛西佛斯雙腳大開，一左一右一起提出問題：

「開兒，要過什麼樣的人生，剛剛的心魔才不會嚇到你？什麼樣的人生值得永恆回歸，無懼於不斷重複？什麼樣的人生才會超越不斷重複所造成的極度悲慘與無意義性？要怎樣過人生，你才不會在意它的平淡無奇？你知道，人生很可能真的都是平平淡淡，就算只活一次。」

開兒專注想著問題，試圖透過專注來躲開剛剛心魔帶來的恐懼，避開惱人笑鴞竊笑、大嘴怪尖叫以及笑翠鳥嘎嘎狂笑的干擾。

接著，他觀察吳剛與薛西佛斯，雖然一個說月亮神話，一個說希臘神話，兩人還是能不時交頭接耳，像三年不見的老朋友再見面時那樣熱絡交談，分享著彼此砍樹與推石的經驗與心得。

一直重複做相同的事，卻不僅無法期待成功，還無法期待不同的結果，一般人會因此變得極端痛苦，還可能瘋狂。但吳剛與薛西佛斯的人生雖然不斷重複，看起來卻一點也不悲慘。可見這兩個考官不僅心中有答案，答案也可以從他們身上觀察並獲得。

開兒想，如果他們兩人的行為與內心歷程全都不斷重複，那麼痛苦也只會重複，不會加劇。真的懲罰必須能增加痛苦，而要增加痛苦感，內心歷程就不能只是一直重複，必須有改變的可能，內心會因為行為重複而變得更痛苦，如此一來，不斷重複的失敗才會達到懲罰的目的。忽然，開兒明白了，「行為重複，內心可改變」使得懲罰成為可能，而這一點同時也開啟了超越之門。

專心看內心，開兒便看見了薛西佛斯每次推石上山都是一個充滿奮鬥、動腦，甚至盼望的過程。開兒看得很是感動，脫口對薛西佛斯說：「薛西佛斯，你推石上山一次，就像認真過了一次人生，『認真過人生』這個過程本身就具有高度價值，即使最終還是回到原點。」

肌肉像猙獰岩石，身形巨大的薛西佛斯一聽，眼淚像山泉一樣湧出。

開兒最喜歡看到強大的人落淚，一如喜歡看見柔弱的人表現出堅韌。他繼續說：「薛西佛斯，你每次推石上山就像認真過了一次人生，而既然這個過程具有高度價值，因此就算石頭推不上山頂，預定的目的沒達成，這不斷重複失敗的過程，仍是不斷產出高價值的過程。」

薛西佛斯的巨大身軀像小孩般跳躍著，高喊：「過關了、過關了，開兒、開兒、開兒，萬歲、萬歲、萬歲。來，讓我背你趕快離開這該死的鬼地方。」

拿著大斧的吳剛雙手抱胸，踱著步冷冷的說：「等等，還有我，我也是考官。做人做事做對了，人生，活一次也就夠了，一直重複有何意義？」

開兒深深望著吳剛的眼睛，說道：「吳剛，我可以看見你的心，可以看見你已經從不斷抱怨生命的不公平，慢慢轉成學會利用生命給你的挑戰，再變得充滿感激。這麼多年來，吳剛，你縱有痛苦，也沒有遺憾了。

「現在，對你而言，伐樹已不再只是伐樹，你不斷伐樹，是練心，你不再怨恨命運，甚至感謝有這棵一砍開便閉合、永遠砍不斷的怪異大月桂樹，讓你有機會練功夫心，練功夫心是永恆的課題，需要永恆的練習。

「你的砍樹已經變成真正的學習了，而學習從來不會掏空人的心。學習有時是一種轉化，有時是一種覺醒，兩種都沒有掏空的問題。我猜，砍樹已經不會讓你疲憊了。如果你覺得疲憊，那不會是因為砍樹，而是其他的事讓你覺得疲憊。」

這時，薛西佛斯轉頭四處看看嫦娥在不在。

聽到不斷伐樹是練心時，嵌在吳剛那毫無表情臉上的兩粒大眼，已經變得像兩片太平洋，萬年不曾流淚的吳剛，在他的大鋼斧上，落下兩三滴淚。

「你可以走了，謝謝你。」吳剛與開兒相視，大斧驚天一揮，溫柔的說。

開兒對薛西佛斯與吳剛說的話，揭發了他們「不斷重複生活」的意義，因此為他們不斷重複的生活劃下句點，也同時解除了薛西佛斯與吳剛的詛咒。事實上，這詛咒是一個挑戰，也是一個祝福，只是當事人當時不知道。

吳剛精神反映的正是啟蒙時代法國哲學家盧梭（Jean-Jacques Rousseau）於《愛彌兒》（*Emile*）一書中所說的，「生命不只是呼吸而已，生命是一種行動。」生命不只是存在，也不只是被動的反應外在環境，而是要積極的行動，無論透過外在或是內心的行動，要讓自己有活著的感覺，積極注意、聆聽、檢視、把握、探究、擴展活著的感覺，以及生命感與生命的價值。活一輩子如此，活許多輩子也是如此。

薛西佛斯的努力則是「沒有意義，但仍有價值」的一個典範。就算生活總是達不到目的，甚至生命沒有意義，生活與生命本身仍可以活得有價值。

知道「沒有意義，但有價值」的可能性，就可以離開虛無森林。

有些事有「內在價值」，它們本身就是好東西，不必管前因後果，不必瞻前顧後，無論成功失敗，去做就對了。

凡人都有一堆缺點，但我們還是要愛人。

當我們做得好，別人會嫉妒，酸言酸語，但還是要全力做好。

做的所有好事，終究會被遺忘，而且很少超過兩天，但好事還是要去做。

光明正大可能讓我們顯出弱點，容易受攻擊，但還是要光明正大。

幫助需要幫助的人，有時反而招致怨懟，但還是要幫助人。

人們同情弱勢，卻常只願意跟隨強者，但還是要與弱勢站在一起。

餘歲總是比我們想得少，偷不了、借不到餘歲，但生命還是要冒險花在美好的事物上。

「一切有為法，如夢幻泡影，如露亦如電，應作如是觀」，但還是要有作為——做夢、造影、灑露、放電。

YOLO的真義

YOLO是「You only live once.」的縮寫。維基百科這麼寫：鼓勵人們即使冒著生命危險也要享受人生。而這一句話也常用在青少年的對話與音樂當中，加拿大饒舌歌手德雷克（Drake）的暢銷歌曲〈The Motto〉使得這句話在網路上擴散。

YOLO認為，既然人只能活一次，就該活得精采，就該活得不同於現在，就該活得冒險一點。也就是說，非YOLO態度的人過得太常規、保守、一成不變、不精采，浪費了寶貴的一生。

YOLO不是一個嚴格的哲學主張，所以立場自然相對模糊，不過它的基本說理是相對清楚的。但我認為，YOLO也明顯是錯誤的，因為從「只能活一次」可以構作出說服力相當、結論卻相反的論證：「只活一次，所以大膽冒險去」和「只活一次，所以凡事小心謹慎，不要冒險」，都可以從中構作出來。

況且，大膽冒險不見得活得精采，小心謹慎也不見得活得不精采。事實上，活一輩子，要活得精采，活幾輩子，也要活得精采，活長活短似乎也不是問題。ＹＯＬＯ還可以有什麼合理的動機？

或許你這樣認為：如果我更努力，可以活得比現在更精采。但這個想法的重點與可以活多久、活幾輩子無關，只要想更努力，隨時可以更努力，如果來不及努力了，也只能怨嘆自己辜負了自己。

如果我可以活三次或同時活三個人生，就可以同時當個導演、作家與哲學家。我好想有三輩子，我好想把這輩子當三輩子用，但我卻在瑣瑣碎碎的生活中虛度數十年，辜負了自己這麼久。然而這也只是無謂的幻想，即使此生我們選擇不同的路，生活態度不變，也會有相同的無謂遺憾。

或許，ＹＯＬＯ只是提醒我們把握人生，但別把人生看得太重，以至於太小心謹慎了。ＹＯＬＯ因此建議我們脫離一下看待生活的態度，以不一樣的方式過生活。

ＹＯＬＯ這裡提醒的或許正是盧梭所說的：「生命不只是呼吸而已，生命是一種行動。」生命不只是存在，也不只是被動的反應外在環境，我們要積極的行動，無論透過外在的或是內心的行動，要讓自己有活著的感覺，積極注意、聆聽、檢視、把握、探究、擴展活著的感覺以及生命感與生命的價值。

活一輩子如此，活許多輩子也是如此。就算過著一成不變生活的人，也可以透過內心的行動，讓自己有活著的感覺。

不過，常常冒險追求刺激的人，不容易體會活著的感覺。體會活著的感覺需要內省的能力，常常冒險求刺激的心是外放的。似乎，能在一般生活中持續掌握「活著的感覺」與「機械式生活」兩者之間對比，才是合理的態度。

2 — 認識自己

怎麼樣才可以認識自己？我提出幾種方法，應該足以讓我們對自己有一定程度的認識，至少可以自在的回應別人的眼光、看待他人的批評。

得意現形法

有人問我，什麼時候才應該在意別人的看法？

人生的遭遇千百種，我並沒有一套方法能決定何時應該自尊、自重、自輕、自卑，但我會從「認識自己」這個角度切入。

越認識自己，越能知道別人對自己的看法有哪些是不恰當的，自我評價與他人眼光帶來的許多困擾自然會消解。罵對了，要謝謝人家；罵錯了，何必在意。同樣的角度也適用於看待自尊、自重、自輕、自卑的問題。

認識自己夠深的時候，會產生強烈、醇厚的真實感，因為當一個人感到最真實的時候，也是最像自己的時候。一旦決定開始真誠的思考，什麼時候最像自己、什麼時候最真實，那些虛假、矯飾、誇張、自我否定的外表便會逐漸褪去。從真實本性散發出的「真實感」，使得那些驕傲與自卑的外衣，得以化成自信與謙卑的皮膚。

至於怎麼樣才可以認識自己？有什麼自我認識的方法？這是個大問題。接下來我將提出幾種方法，應該足以讓我們對自己有一定程度的認識，至少可以自在的回應別人的眼光、看待他人的批評。

當一個人順風順水時、有權力及資源可以肆意而為時、不必再顧慮別人的想法時，最能觀察到自己的真實面貌，可以稱之為「得意現形法」。但人們在得意時，心思容易外放，不容易反思自身，以至於錯失良機，實在太可惜。

「得意現形法」的內涵也可以從另外一個角度看出。英國作家王爾德（Oscar Wilde）曾說：「道德無他，端看我們如何對待厭惡的人。」這樣的說法反映出一種道德的普遍模式：如何對待被我們擊敗的人？如何對待社會階層比自己低的人？如何對待我們認為比自己愚蠢的人？誠實回答這些問題，大概就可以知道自己的道德程度了。

部分原因可能是，我們比較不需要害怕被自己擊敗的人、社會階層更低的人、比自己更愚蠢的人。在沒有恐懼下所做的決定，才屬於道德領域的事。沒有恐懼之後，我們實際選擇做了什麼，就反映出自己的道德取向和水準。

另外一個方向就不是那麼好的道德指標，例如如何對待擊敗自己的人？如何對待社會階層比我們高的人？如何對待我們認為比自己聰明的人？這是因為，人在弱勢要學習、要求生，賤人需要矯情，不能苛求。

從道德面來看，「得意現形法」可以體現出它作為一種認識自我方法的內涵，因為道德認同（identity）是人類最深的認同。不了解人類為什麼要有道德，就不是真正了解人類；不了解自己的道德觀點與道德能力，就不能算是真正了解自己。

人類用來界定自己的元素有很多，種族、性別、國家、階級、宗教、地區、學歷、經歷、收入、專業與道德等等，其中最重要的是道德。背景非常不一樣的人，甚至是敵人，一旦被認為是有道德的人，就會被視為在更深層的意思上是「同一類人」，此時其他的背景差異會被當成僅是表面的差異。很少人自認是壞人，幾乎沒有人不想成為自己心目中的好人，許多文化甚至把嚴重缺乏道德的人視為禽獸，不當他們是人。

難怪，雖然有人會酸「好人卡」，但內心深處還滿喜歡收到的。生命之神在我們耳邊輕輕說「你不聰明、不強壯、懦弱、無才華……不成功」，只要再加上「但你是好人」，我們仍會感到寬慰。生命之神在我們耳邊輕輕說「你很聰明、很強壯、勇敢、有才華……很成功」，但只要再加上「但你不是好人」，我們會頓時失去價值感。

不再恐懼後，我們會做什麼？

「所羅門王指環法」是前述「得意現形法」的一種深化。相傳所羅門王為了獲得非凡力量，以死後的靈魂為代價，與惡魔之王訂約，惡魔之王便讓所羅門王掌控許多具有超凡力量的魔神。眾魔神中排名第一的巴爾（Baal），是君王等級的魔神，最重要的能力是讓人隱身。

任何人只要戴上所羅門王指環，就能掌控第一魔神巴爾，就能任意隱身，而能任意隱身代表的是「完全沒有被發現、被逮到的風險」，也就是說「你可以完全不必因為自己所做的事而承受任何外來的獎懲」。換句話說，做什麼都不必恐懼了。

當這個世界上再也沒有什麼能讓人害怕，不再有被傷害的恐懼，不再有失敗的恐懼，不再有被拒絕、被遺棄的恐懼時，我們才真正進入一個自由的領域。此時，行為的分際在哪裡、紅線在哪裡、哪些事該做、哪些事不該做等等這些抉擇，才是真正屬於道德領域。

其實，這也適用在人生意義的討論上。如果這個世界，再也沒有什麼能讓人害怕，不再有被傷害的恐懼，不再有失敗的恐懼，不再有被拒絕、被遺棄的恐懼，我們還會努力追求什麼？那些在我們超越了恐懼之後仍持續想要追求的，就是人生的意義。

惡魔是設計來讓人恐懼的、卻步的、不敢為所欲為的，象徵恐懼的惡魔因此具有極高的價值意涵。惡魔不是純粹的惡，這也是為什麼傳說中的惡魔常常是由自願下凡或犯罪墮入人間的高等級天使來扮演。

但當所有惡魔都消失時，或者我們擊敗所有惡魔時，並不代表就能找到人生意義，也不代表已經找到自己。惡魔的消失只代表了我們是自由的，已經具備成為道德之人的基本條件，我們才正要開始道德的選擇，正要開始活出自己。

實境習覺法

傳聞，古希臘哲學家亞里斯多德曾經說：「不斷重複的做，那麼卓越就成為一種習性，而不是（偶發的或規劃出來的）行動了。」〔此句應是出自美國哲學家杜蘭特（Will Durant）的名著《哲學故事》（*The Story of Philosophy*）〕。

亞里斯多德關於「重複練習」的評論，似乎也可以用在「拙劣」上：不斷重複的做，那麼拙劣就成為一種習性，而不是偶發的行動了。所以，似乎亞里斯多德的重點與卓越或拙劣無關，而是在「重複練習」與「成為習性」兩者之間的關係上。

但亞里斯多德可能還是抓到了重點。練習是不斷的重複，就算一開始是笨拙的，重複也會逐漸趨向完善。不過，笨拙的不斷重複仍舊只是笨拙，為什麼重複的練習會趨向完善？

練習是不斷的重複，而重複有兩種，一種是「脫離脈絡的重複」，一種是「咬合脈絡的重複」。前者的典型是概念的空轉，極端的例子是「自我重複」；後者的典型是在不同時空脈絡的實踐，實境習覺法需要這種「咬合脈絡的重複」。

「脫離脈絡的重複」沒有外在的摩擦，無法琢磨，只能自求完善自我。「咬合脈絡的重複」則不斷與外界溝通、協調、校正，而世界無情，只有「卓越」能從不斷的練習、不斷的實踐、不斷的環境校準、不斷的經驗挑戰中存活下來。也就是說，在「咬合脈絡的重複」下，只有「卓越」能存活下來。

能從不斷的練習、不斷的實踐、不斷的環境校準、不斷的經驗挑戰中存活下來的，是一種跨領域、跨脈絡、跨時空的存在，那就是我們的本性。所以，練習既是一個朝向卓越的過程，也是一個顯現本性的過程，透過這樣的實境練習與覺知，可以幫助我們認識自己。

活出自己法

就算自我是可以認識的對象，至少有一部分的自我還是無法被認識，因為它還沒有成形。那些未成形的部分，需要我們透過堅定的信念，勇敢的活出來。

在活出來的過程中，自己的特性在「艱難選擇」時最能凸顯出來。艱難抉擇是關乎重大價值的取捨，在各種兩難或困境中，仔細觀察自己最後選擇了什麼當成出路，最能顯示出我們真實的價值觀。平順的日子中，做的不過是大家也都在做的，或者做的是平衡、周全、照舊的老路，顯不出內在的價值結構。

絕大部分與重大價值相關的艱難選擇，之所以艱難，並不在於我們無法權衡出那些重大價值孰輕孰重，而是那些價值根本無法量化，因此無從比較。

這讓我們有機會換個角度思考「艱難選擇」的意義：它不應該是一種困境，而是一個活出自己的機會。

所以，當遭遇艱難選擇的處境時，千萬不要自覺倒楣，反而代表自己正受到命運眷顧，因為可以決定自己要成為什麼樣的人。

只不過，「艱難選擇」本身必須是個深思熟慮、千折萬衝下面對的真實重大價值選擇，這樣才具有活出自己的意義。

此外，活成現在的自己，過去可能也經歷許多艱難選擇，檢視過去各種兩難或困境中最後的選擇，同樣有助於認識自己真實的價值觀。

書寫自我法

書寫也是一種透過塑造自己來認識自己的方式。

美國詩人佛洛斯特（Robert Lee Frost）曾經說過：「當我還沒寫下來時，我怎麼知道我在想什麼？」透過書寫，把自己投射出去，讓自我成為一個可以觀察、容易觀察的對象。像是寫日記、寫「反思日誌」、錄下自己歌唱、舞蹈、演說與演戲等，反覆觀看，然後想想為什麼會這樣說、這樣想、這樣做，這個做法我們稱之為「自我對象化」。

思考與口語是有時間性的，時間軸上發生的事，從遙遠的過去一件件挨著來，盤點檢視這些事件，需要來回遊走在記憶中，然而記憶常是不可靠的，想過的、說過的也因此容易變得模糊。書寫與影像則更多是空間化的，透過文字與圖像，散落在時間線上的思想及語言元素，得以在同一時間、一次且整體的展現在眼前，同時揭露出這些元素彼此之間的結構。

「書寫自我法」整合了前述「自我對象化」與「活出自己法」，讓我們從芝加哥大學二〇〇五、二〇〇六年大學部入學小論文談起。

那年，芝大入學小論文的題目一開頭這麼說：

> 老師交代，
> 回家去，去寫，
> 今晚寫出一頁書。
> 這一頁必須是出自於你的一頁書，
> 如此，那頁書說的便是實情與實話。
>
> ——美國詩人休斯（Langston Hughes）
> 出自〈*Theme for English B*〉

書寫自己為何一定是書寫真實？如果是一個虛假的人，書寫自我不就是書寫虛假？

事實上，書寫不是在方方面面原版抄錄。書寫自我至少創造出一個機會，讓我們可以真實呈現自己虛假的一面。或者說，書寫創造了新脈絡，把一些舊東西重新整理，方向調一調，次序換一換，顏色該重漆的重漆，該顯老的就仿舊一下，有些拉回擺在中心，有些則放逐邊疆。

每一次自我書寫都是獨一無二的，怎麼可能不真實？

真理有兩種：一是客觀真理，二是主觀真理。前者是思想與世界的符應，後者是信念與行為的一致。自我書寫為客觀真理做了準備，但更重要的是，自我書寫本身就是一種主觀真理，每一次的自我書寫都成就了一次主觀真理，因為自我書寫既是自我表達，也是自我實現。

每個人都是獨一無二的，每個人生故事也是，所以如實的寫下自我，就不會有重複的疑慮。不重複就是不複製，不複製就是一種真實。

脈絡錯置法

離開舒適圈，來到陌生的環境中，看看自己的內在長出什麼樣的結構去接榫新的脈絡。這些接榫新脈絡的自我結構，在舒適圈中常常是隱藏而不得見的。

我們往往不是自己認為的樣子，許多自我的碎片是隱藏起來的，需要透過一些方法加以揭露。

對我來說，「靈魂」是個形容詞，用來描述生命狀態。當我說讓靈魂有深度，其實就是讓生命變得有深度，也就是讓生命（思想、經驗、行為、環境）原本分散、隱藏的碎片顯現出來，再與已經清晰的部分一起排出優先次序，並層次分明的整合起來。

整合度越高的生命，靈魂越是鮮明而有活力。越複雜的生命越難整合，越容易破碎，對我來說，「生命變得破碎」、「喪失靈魂」與「喪失自我」是同義的。複雜的生命卻擁有鮮明的靈魂，這雖可貴但很難得，單純的人讓我們比較容易看見鮮活透亮的靈魂。

一致性、覺知、原則、志、慈悲（愛）、讀書寫作、獨處與流浪，都是讓靈魂更整合、更有深度的常見做法。其中「流浪」所強調的便是揭露靈魂與自我碎片的方法。這裡必須再次強調，「靈魂」不是名詞，尤其不是單稱詞，如果我們以為它指向哪個東西（item），反而會永遠找不到。靈魂形容的是一種生命狀態，一種我們要活出來的狀態。

幸福觀察法

幸福感來自於找到讓自己更為圓滿的東西。當一件事從不圓滿變得圓滿時，變成自己真正想要的樣子時，變得更像自己時，我們會感到幸福。所以，感到幸福時，仔細觀察自己為何幸福，就能夠發現自我的重要元素。

「幸福觀察法」與基督教的「救贖」（redemption）概念相關，是指導生命的重要概念，原始的意義包括贖回、贖身、償還、拯救、履行和修復。說全了，救贖的宗教意涵是：先前，由於自己的缺失，離開了圓滿之地，變成有所缺憾的人，不僅是自己成為不完整的人，並且是自己而非別人讓自己成為欠債的人；救贖就是回到圓滿之地，使自己再次變得完整，讓自己還了債。堅定的基督徒尋求救贖，就如嬰孩信託母親那般，總是在一次次淬煉中試圖將自己信託給終極真實、終極生命。

當然，我們完全可以不強調基督宗教的「信託」概念，只專注在「幸福（或快樂）是認識自己的道路」這個層面上。

找到生命的目的或者找到自己，會有一種圓滿感，圓滿感伴隨著喜悅。生活總還是會有些苦，不過，找到了生命意義、找到了自己，那些苦就不算什麼了。或者倒過來說，找到了讓我們「不再在意生活上的那些苦」的東西時，就找到了生命意義，也就找到了自己。認識自己、認識生命的意義，不僅有喜樂的圓滿性質，也有超越痛苦的性質。

「活著的感覺」是最簡單有效的認識自我的方式。尋找心中最深刻、最鮮明的「活著」的感覺，如同美國哲學家詹姆士（W. James）所說的，活著的感覺常常伴隨「這是真正的我」的內在之聲，掌握它，然後活出那個感覺所指引的方向。

探問我要往哪裡去，來回答我是誰

常常，不清楚「我是誰？」的人，其實也不知如何回答「我要往哪裡去？」這是一個關於人生目的、人生意義的問題，相當程度的決定了「我是誰」。

這裡簡單練習一下如何發問關於意義的問題：我為什麼在這裡，而不是在別的地方？

「為什麼」分兩種，一種問事情發生的原因（成因，cause），一種問人們（或老天爺）做事情的理由（reason）。除非有個很好的故事，否則不要將「我為什麼在這裡，而不是在別的地方？」的「為什麼」理解成關於事物成因的問題，因為別人沒有什麼理由對我們的平凡故事產生興趣，而如果只是選擇做個「記流水帳的人」，肯定令人乏味。

把「我為什麼在這裡，而不是在別的地方？」中的「為什麼」詮釋成理由，那麼問題就有趣多了，特別是當巧妙搭配「這裡」的意思時。例如：

我為什麼在這個世界，而不是在別的世界？
我為何來這裡，而不是走到別的地方？
我為何經此門，而不是走別路？
我為何來到這裡，而不是去別人那裡？
我為何走到此人心坎裡，而不是落到另一個人的心坎裡？

似乎，將「這裡」詮釋得越廣闊，或越內在，或越超越，就越能將一個人行動的意義、奮鬥與個性展現出來，就越能逼出、激出「行為的切身性」、「人的志向」、「人世間的意義」。

當然，經過這樣的意義探究，我們有可能發現自己是糊糊塗塗、茫茫然然、隨波逐流的「來到這裡」、「成為現在這個樣子」，也可能純粹是荒謬、偶然、倖免、被拋擲入世的有了現在面貌。但「我為什麼變成現在這個樣子」的發問，無論給出什麼樣的答案，總是給了我們一個意義或存在的壓力與動力，一個回答「我往哪裡去」、「我要成為什麼樣的人」、「我要如何存在」的機會。

越知道要往哪裡去的人，越知道自己是誰。

透過告別自我，來發現自我

我習慣早起，常與太陽各在天的一邊，靜待天明。在天明之際，指尖上經常跳動著智性光芒，引領著我起床寫作。這時我能以更警醒、更親密的心面對自己與世界。

早起寫作的經驗，讓我體會到這個「透過告別自我，來發現自我」的方式。

在太陽邀請下，寫作日久成習慣；許多看似無解的自我衝突、概念兩難與思想困境，有如晨霧遇朝陽，自然就放下了。

我確實不知這是美的經驗、詩的經驗、神祕經驗、存有經驗、超越的經驗，抑或是一種探究經驗，因為我不知該如何形容。它是如此的根本，如此的豐富，無從指稱，請允許我妄稱這是「禪與藝術共享的經驗」。禪與藝術只不過是更有意識的過著這放下與告別虛浮僵固舊我的過程。弔詭的是，這個告別自我的過程也是一個發現自我的過程。

越是認識自己，越不在意別人眼光

告別從來不是容易的事，告別自我更不容易。禪行者天人之際的孤心行旅與藝術家剖心瀝血的創作，其實都與禪藝者的自我無關，甚至，禪行與創作的價值，正是來自於禪藝者的告別自我，彷彿禪境與藝境只是借我們的身體發光罷了。

禪與藝術是美、詩、神祕、存有、超越的一種專注過程，融合了裡裡外外各種二分，像是將主客邊界消失後所產生的融合。而主客邊界的消失，只不過是虛幻二分的消失，因而成了「還原」過程：一種回復本來面貌，一種歸鄉的過程。禪與藝術其實是一種邀請，邀請我們練習專注，讓我們與世界更融合，有機會回復本來面貌，更認識自己，更像自己，變得更真實。

越是認識自己，自我評價與他人眼光帶來的許多困擾就會消解，上述推薦的方式或許實用，但總有人對自己認識得不夠深，還有沒有其他更徹底的方法？其實還有一種自嘲的角度，無論我們對自己的認識多少，都可以輕鬆處理別人的批評。

有一天，朋友對我說，某某人在背後說你壞話，這個那個的。我以斯多葛學派（Stoicism）的方式回答說：「就只有這個跟那個啊？那他實在不是很了解我的缺點，如果他夠了解，就不會只罵我這些了。」

其實，如果能誠實面對自己，我們就知道，凡是身為人的缺點，我們大概一個都不會少。

輯二

換

視角

要快樂啊

傷痛新視角

專注現在　預見未來

3 — 要快樂啊

快樂就是道路。以喜悅為食，與一般食物不同，喜悅越吃越多，越分享越多。

快樂是價值鑑定師

沒有快樂本身是不值得追求的，人生常有許多選擇，當快樂是一個選項時，就算只是模糊隱約、驚鴻一瞥，也要果敢的掌握它。

然而，不是我們想要就能感到快樂，憂鬱來時我們也常會無可逃脫，但總是有快樂的時候，如果可以對細小的快樂敏感些，不輕易放過，多駐足在那些快樂的感覺上，或許陷溺在憂鬱的機會與時間就少些。

曾經看過一則關於釋迦牟尼的短片，當中有段對話：

國王：請告訴我，如何找到通往快樂的道路？

釋迦牟尼：找不到的，因為快樂就是道路。

其實，快樂的功能比我們所想的還要積極，它是通往價值的道路，也是價值鑑定師。為了快樂而快樂，停駐在快樂，那就太可惜了。讓快樂成為我們人生旅途的小嚮導，它會是很可靠的嚮導，雖然不是唯一。

我比較知道快樂是什麼，以及如何獲得快樂，但我不確定「價值」是什麼，而且大家談論的、追求的價值似乎大不同。這裡，我試圖將價值與快樂做個連結，用我們比較熟悉的快樂及其管道，來進一步認識價值，或許能因此發現追求價值的管道。

一般而言，能讓我們感到快樂（幸福）的都是好東西，也就是有價值的東西；越讓我們覺得幸福快樂，這樣東西的價值越高。反過來說，越有價值（不是價格）的東西，越能讓我們覺得幸福快樂。

至於會讓人感到痛苦的，本身就是不好的東西；越是讓人痛苦，越不具有價值。從另一個方向來看也說得通：越是缺乏價值、越會破壞價值的東西，越讓人覺得痛苦。

再微小的幸福感、快樂感，乃至於快感，都是機會與窗口，讓我們能發現有價值的東西。而即便是再微小的痛苦，也都指向壞東西。

這也就是為什麼，幫助別人變得幸福快樂，免除別人的痛苦，是值得讚賞的事，因為那是有價值的事。這也是為什麼，無緣無故造成別人的痛苦，剝奪別人的幸福快樂，是必須受到質疑乃至於譴責的事，因為那是破壞價值的事。

有人說「良藥苦口」、「不經一番寒徹骨，哪得梅花撲鼻香」、「不打不成器」……痛苦似乎也有價值，這個說法其實是個誤會。我說的是，痛苦本身不值得追求，唯有當痛苦是通往幸福快樂的必要工具，並且所獲得的快樂能抵過或超過視為工具的痛苦，我們才會允許痛苦發生。不是為了處罰小孩而處罰，如果處罰小孩是可以的，那也只有當處罰小孩是為了他將來好，並且要相當確定能讓他將來變得好，而且很好。工具必須連同目的來評價，工具的痛苦也必須連著目的來評估。

同樣的，任何快樂本身都是值得追求的，阻止快樂的發生是不好的，但為了避免將來的大痛苦而阻止眼前的快樂，便言之成理。

快樂與痛苦是主觀感覺，價值高不高可能是一種客觀的評價，兩者似乎不能用來相互定義，例如主觀感覺可能因人而異，讓你痛苦的事，我可能樂在其中。但這裡進行的不是概念分析、定義的工作，而是一種經驗整理，是理論化的預備工作、前期工作。畢竟，我們對於價值還沒有清楚的理解。儘管如此，我傾向認為，一個關於「價值」、「美好」、「值得追求」的理論，不能與「快樂」、「幸福」脫鉤，否則，我們無法理解人類為什麼要以及為什麼能追求美好的、有價值的事物。

欲望之於快樂的重要

子曰：「吾未見剛者。」或對曰：「申棖。」子曰：「棖也慾，焉得剛？」（孔子說：至今我還沒見過「剛者」。有人說，申棖是剛者。孔子說，申棖欲望太多，怎能算個剛者？）

「剛」通常理解為剛強，而我認為，剛者之所以剛強是因為「無所求」，從而「不依靠他物」，可以說，剛者是一種獨立自足的強者形象。

孔子這段話兩千多年來不知影響多少人，不只是「無欲則剛」的邏輯誤解（「有欲不算剛」推導不出「無欲則剛」），更是對欲望的過度鄙視。

雖然欲望不是幸福感的唯一來源，在我看來，也不是幸福感最重要的來源，但它是大多數人幸福感的主要來源。

欲望的產生是因為感到有所欠缺，至少是覺得自己有所不足，而這也使得我們顯得不獨立、不自足，受他物牽制。當我們覺得不圓滿，欲望能促使我們行動，尋求欠缺的。一旦找到讓自己更為圓滿的東西，從不圓滿變得圓滿，成為自己真正想要的樣子、更像自己時，我們會感到幸福。

當然，我們也可以倒過來看欲望的正面價值。想想，一個完全沒有欲望的人是什麼樣子？我認為，這樣的人如果不是神人、聖人，就是一個生無可戀、不知所為何來、缺乏目的感的人。然而，絕大多數的人都是平常人，也就是有所欠缺的人；有欠缺而沒欲望，那麼就連享受塵世快樂的機會都沒有了。

因此，當我們遇到意志極為消沉的人，會鼓勵他，希望他多多少少能生出一點欲望，對世界產生一點興趣，而不是鼓勵他「再往前一步，就無欲則剛」了。

三種快樂

快樂有三種，而思考最高等級的快樂，能讓我們知道一個人不要僅僅是存在。意思是說，我們不該只求一個「過活的人生」，更要活出有精采故事的人生、有格調的人生。

一、部分欲望被滿足的快樂

不論是想吃蚵仔麵線、想看帥哥美女的「食色之欲」，或是得到他人的讚美，抑或是破解想了很久的數學證明，只要眼前諸多欲求中有一個或部分獲得了滿足，我們都會因此感受到某種快樂。

這樣的快樂固然可以是扎扎實實、鮮明快活，但由於同時間還有許多其他欲求沒有滿足，所以這種快樂感不夠全面痛快，只能算是一種背景中摻雜了許多遺憾的快樂。

二、眼前所有欲望都獲得滿足的快樂

當眼前「所有的」欲望都獲得滿足，而後起的、新的欲望尚未竄出、浮現之際，會讓我們處在一個非常快樂的境界，一個幸福感十足的狀態，整個人浸淫在幸福之中。有人形容，這種狀態非常寧靜，彷彿一個人無所求的走在清風徐來的林間小道上。這種全面的快樂，人生難得幾回有，通常是權力、資源非常多的人（如國王），或欲望很少的修道人，才能偶爾得之。

三、高價值人生所帶來的快樂

這是三種快樂中最重要的，也是最常被忽略的。指的是，當一個人臨死前，回顧一生，能夠感受到幸福的快樂，與前兩種截然不同，因為總體常超過個體的總和。

「高價值的整體人生所帶來的快樂」不是前兩種之一的部分總加，或混類總加，因為一個人可能在人生路上滿足了各式各樣的個別欲望，但那樣的人生總體卻仍可能讓人感到有所遺憾；另一種情況是，一個人常有第二種快樂感，但因晚景淒涼、晚節不保，或者除了他自己，其他人並不快樂，過去的他不曾想過讓別人與他一樣快樂。

我認為，只有根據理想、原則、「志」而活出來的人生，也就是依據個人所認為的「善」所形塑出來的人生，才能帶來第三種快樂。根據理想、原則與「志」活出來的人生，才是有品、有格、有整體感的人生。

這種人生縱然在不同階段都遭受了苦難，甚至是極大的痛苦與不幸，但整體仍可超越那些苦難的部分，帶來高價值的快樂。

如果你所期待的只是過活的人生，縱使人生仍可能都是快樂的，但那些片段只是偶然，彼此之間沒有原則或理想串聯起來，無法成為一個有型有格的整體，就如同散落一地的珍珠，令人徒留遺憾。

以喜悅為食

沒有食物，活不了，但每種生物、每個存有、每個階段（無論真實或想像的）生存所需的食物並不相同，例如人類初生嬰孩沒有像奶一樣的乳類食物，八成就長不大。

有些人在某些時候，生存所需的食物種類是相當特別的，例如，有人沒有大量粉絲的關注就活不下去；有人需要榮譽，一旦失去就沒理由繼續活著；有人以知識為食；對許多人來說，愛如同陽光、空氣、水，是生命的要素，一缺便枯萎。

據說，有些鬼以怨念為食，佛教光音天的神仙以喜悅為食。其實，我覺得有些人類的飲食習慣與這些鬼、神相差不遠。我特別喜歡「以喜悅為食」的想法，這想法有點「直取目的，捨去手段」的味道。吃食一般是透過美食（不管哪種美食）來獲得喜悅（不管哪種喜悅），而光音天直接就以喜悅為食。

對光音天的神仙而言，喜悅越多的世界越是豐饒。只要是喜悅，無論是自己的喜悅或是別人的喜悅，都可以讓光音天的神仙活著，所以一方面要助他人快樂，另一方面要自己產生喜悅。而產生喜悅這種生命糧食並不難，不需要千方百計追求快樂，想要快樂，直接就可以快樂起來。我認為，人也是一樣。

食物與人類源起的故事關係密切，佛教光音天神仙的故事正是這樣的故事。除了喜悅，光音天的神仙不需要任何食物，但在許久許久以前，他們飛行來到地球，見到地上有甘泉湧出，便好奇以食指沾入口中，瞬間覺得味道像酥蜜一樣甘甜，於是個個貪食，吃多的神仙漸漸身體粗重下沉，本來是光芒型存在，漸漸形成了物質的骨肉軀體，成為了人類，在地球上住了下來。

基督教類似的例子是亞當夏娃吃蘋果（知識果子）的故事，但我更喜歡光音天神仙的故事。亞當夏娃偷吃蘋果的故事中，亞當夏娃吃得很墮落，因此人類有了原罪，但是人類的救贖之路卻並不清楚是否可以透過改變吃食習慣來達成。

光音天神仙的故事則不同，吃食既是光音天的墮落之路，也是祂們的歸鄉之路。一如亞當夏娃，光音天神仙也因吃得很墮落，墮落成人，所幸人類也可以養成另一種飲食習慣，改成和光音天神仙墮落之前一樣的吃食習慣，以喜悅為食，逆轉旅程，回到光音天。

喜悅這種食物和一般食物不同，一般食物吃掉多少、分享多少給別人，就少了多少，喜悅則是越吃越多、越分享越多。

超級快樂機器

人生中快樂很重要，但是只有快樂重要嗎？

接下來要介紹一個我最喜歡的哲學思想實驗「超級快樂機器」。也邀請大家來玩一玩。

想像有一台超級快樂機器「HAPPY」。當一個人連結到HAPPY時，可以體驗到任何想要的快樂，不管是愛情、性、創作、運動等事物所伴隨而來的快樂，HAPPY都能讓你以自己想要的方式獲得。不論是視覺經驗、嗅覺經驗、觸覺經驗、聽覺經驗、味覺經驗等「外感官經驗」，抑或是喜、怒、哀、樂、嫉妒、羨慕等「內感官經驗」。

由於HAPPY是一台快樂機器，所以它製造出來的要麼本身是快樂經驗，要麼就是導向快樂的過渡經驗。總之，它可以完全依個人想要的劇本，來打造出一個超級快樂的「夢幻人生」或「大夢人生」，又讓人完全不覺得那僅僅是個夢。

請問如果是你，願不願意終生連結到 HAPPY？如果不願意，理由是什麼？如果願意，理由是什麼？

對於這項實驗，我的感想是：

一、就算我們不願意連結到超級快樂機器，還是會覺得 HAPPY 有極大的吸引力。我想，這是因為快樂本身是值得追求的，而痛苦則是不值得追求的。這也正是為什麼，無緣無故造成別人的痛苦是不道德的，幫助別人遠離痛苦、獲得快樂是好事。在善惡好壞的考量中，「能不能帶來快樂」是重要指標。

二、快樂雖然非常重要，人生中仍有其他同等重要的事。超級快樂機器固然吸引人，但讓我們快樂的，並不是真實的事物，而是虛擬的。快樂也好，痛苦也罷，我們希望那些讓我們快樂與痛苦的經驗，都是真實的事物，而非虛幻的。就像真正中大獎比想像中大獎要來得好，就算兩者都帶來快樂。同樣的，真實的男（女）朋友肯定比想像的男（女）朋友好，就算兩者能帶來同等快樂。

4 —— 傷痛新視角

悲傷是一種自我封閉、自我孤立的狀態，任何可以打開封閉狀態、搭起橋梁通往外界的方式，都有助於撫慰人心。

重新看待壓力

現代人壓力無所不在，我經常聽到大學老師抱怨各種壓力大，像是限期升等壓力大、教學負擔壓力大、研究出版壓力大、服務要求壓力大……。大家總是說，「壓力之大，如泰山壓頂」、「被壓扁了，喘不過氣」，如此的描述是將壓力視為重量，擔負壓力如同擔負重量。

當我們把壓力視為身上擔負的重量時，排解壓力的途徑自然是「減輕身上的負重」或「增加身體的負重能力」，其中以前者最為常見，因此老師們經常希望能減輕教學負擔、研究負擔、服務負擔，這些聲音所反映的正是「壓力即重量」的認知框架。

在「壓力即重量」的思想框架中，我們傾向將壓力視為負面，是環境（包括他人）外加於我們身上的東西。這是為什麼我們總理直氣壯的急於卸去壓力、除去那施加在我們身上的重量。

「壓力即重量」的框架，可以很妥貼的解釋人們對於壓力的認知與體會，但它仍有侷限，有時甚至會將我們引入險怪之境。

如果壓力是負面的，那麼最合理且完美的減壓法就是將負擔去除得一乾二淨，但當負擔完全移除時，我們也會連帶推除了造成負擔的工作與責任，而有些工作與責任是我們應做、應為、應受的。於是，這將導向一個不合理的狀態：絕大部分的工作或責任不會因為沒有人要做而不存在，如果我們不做，通常它們會落在別人身上。如此，不公不義的事情便發生了。

在「壓力即重量」的框架中，另一種減壓方式是透過增加負重能力來達成。前面說過，在此框架中，壓力這個負面的東西被當成「環境（包括他人）外加於我們身上的東西」，不是自找的，不應歸責於我們，既然如此，那麼應提供「透過增加負重能力來減壓」所需資源的是環境、是別人，而非我們本身。也就是說，減壓的責任屬於環境、他人，不屬於我們自己。

因此，當我們採取「壓力即重量」的認知框架時，無論是透過「減輕身上的負重」或「增加身體的負重能力」的方式來實現減壓，都容易導致卸責的情形，將解決壓力的責任推卸給環境、他人。

其實，我們還有另一種選擇：將壓力視為一種「空間」（光影）。相較於重量，空間是一種比較罕見的、間接的觀點。

儘管我還無法清楚描述、說明這種關於壓力、減壓的現象，不過我相信這是因為：有時我們會感覺自己彷彿獨自蜷曲在一個狹窄、陰暗的空間中，沒有光、沒有夥伴，明明應該成長卻毫無所獲。我們有來自成長的壓力，來自與其他生命互通聲息的壓力，來自與美好、真實、神聖事物互通聲息的壓力。

在這個描述中，壓力是位於孤獨、狹窄、陰暗之地，透過增加社群正面的鼓勵、光照、精神感召，以及各種標竿、心理上、精神上的協助，都有助於我們減輕壓力。這與藉由減輕負重或增加負重的能力來減輕壓力，兩者相當不同。

過去我在推動通識教育時，由於事務繁雜，常常感到壓力大，想逃避，但又逃不掉，工作仍舊纏身。每當我看見好的老師、好的課程、好的學生時，倦怠感就會消失，不再覺得壓力有那麼大，甚至相信自己可以負擔更多，走更遠的路。我不僅因此重新活了過來，甚至變得更有生命力！

撫慰傷痛

有時世事是如此慘絕人寰，如此可怕、悲慘，後來的任何作為，丁點都無法消去那苦難與悲劇，連時間都無法撫慰，只是讓傷口結疤，掩蓋住傷痛與記憶。

苦難像座孤島，因為傷痛具有很強的個別性、私有性，我的痛是我的，而且是無法讓渡給他人的那種「我的」。有人甚至說，痛苦是他人無法理解的。

遭受苦難的人如能哭泣，都還好；哭泣，甚至尖叫，都比沉默無聲好。痛苦時，沉默是一種自殘，一種讓人耽溺其中的自殘。

安慰傷心人的最佳方式之一，是情真意切的比當事人還傷心，對方就會反過來安慰你，這一方面能讓人開放自己，脫離孤島封閉狀態；另方面能讓人開始關懷他人，與人產生關聯，不再是一座孤島。最後，也是最重要的，是讓人努力找到安慰他人的理由或方式，藉此就能找到安慰自己的理由或方式，走出悲傷。

永久離開孤島的出路要靠自己來找，他人無法代勞。在某個意義下，所有的聖堂都是自己親手搭建的聖堂，所有的救贖都是自我救贖。

如何撫慰他人的傷痛？

一群人遭受苦難與一個人遭受苦難，兩者之間差異很大。要怎麼撫慰遭受苦難的一群人？

曾經有位日本友人來訪，他的家鄉歷經了大地震與海嘯，房屋嚴重毀損，親人朋友生離死別。雖然經過數年，浩劫餘生的人們還在療傷止痛中。該要如何撫慰他們？

當時，我想到神戶的地震博物館，脫口而出：「建議設立地震博物館。」並希望地震博物館的主軸回到居民本身、回到生活本身、回到生命本身。記得神戶的地震博物館中，有不少收藏是受難者個人、家人和社區的物件，一封信、一張照片、一本作業簿、一張成績單……，這些物件顯現出每一個生命都是一個獨特的故事，不是一個數字；每個家庭都是一個活生生的故事軸線，不是遺忘的記憶；每個社區都曾經是人們的生活世界。

聽完，日本友人靜靜的、客氣的說，大海嘯一來，幾乎什麼都沒有了，剩下來的物件，只怕親朋好友看了會受不了；政府另外規劃了類似的紀念公園，留下一些殘存的街道屋牆。

我聽了後覺得羞愧，輕輕說：「的確完全沒有必要讓倖存者再次陷入悲傷情緒的漩渦中。」心裡反思，我根本只是在宣揚自己的理念，不是撫慰災民的傷痛。我嘴裡的「每一個生命」、「每一個家庭」、「每一個社區」終究都只是五個字的詞，靜止在過去的時空中。這些詞所說的理念，如何能撫慰災民的傷痛？

更進一步反思，在別人生命遭遇重大悲傷與悲劇時，任何涉及「我自己」的想法、做法與說法，就算是一丁點、就算是深藏在潛意識裡，都不僅是明明白白的極端自私，而且還飄出濃濃的惡臭。生命的苦難與悲劇要求我們不自私，而不自私的看待生命才是超越死亡的唯一道路。

調整一下心情，我給了另一個建議：「或許將主軸設在『調適、療癒和超越』，說一些個人、家庭與社區在海嘯之後如何調適災害、療癒傷痛以及超越不幸的故事。」

日本友人回應說，或許您說的是這樣的故事：我們村裡有位先生，海嘯警報響起時，原本帶著孩子逃往高地，忽然想起有幾位長輩需要他去通知，就讓孩子先等一下。後來，孩子逃生不及死於海嘯，這位先生非常自責，消沉很久，之後透過持續照顧海嘯留下的許多孤兒，來忘卻內心的痛苦，雖然我們也不確定他有沒有真正忘掉悲痛。

我點點頭，對著友人說：「謝謝你深刻的故事。悲痛大概忘卻不了。就算一時忘了，不經意間很容易又再浮現，但是那位照顧孤兒的先生一定因此弭平了不少悲痛，而如果真的徹底弭平了，也就沒什麼好忘卻的了。」

我繼續說，希望友人能明白我的心意與想法：「故事需要島民自己訴說，博物館可以不蓋，但島民訴說自己的故事是很重要的。不只是對外人說，也不只是島民單向對其他島民說，而是島民彼此之間能互相傾訴自己的故事。我認為，這是『撫慰傷痛』最關鍵的一點。」

人類經常遭遇苦難與悲傷，自己的苦難與悲傷已經不容易處理，他人的更難，尤其是夥伴。對方的苦難與悲傷，會讓我們感同身受，同時處理兩重悲傷，肯定是很難的。但這也是「撫慰傷痛」必要的部分，因為沒有深度的同情共感，就無法真正的撫慰傷痛。而同情共感就是雙重痛苦，因為災民彼此間的傷痛極為類似，使得災民對災民的同情共感雙重痛苦會交融成一層。

這是撫慰他人傷痛最困難的地方，但也指出了撫慰的方式。

在相同的天災下，災民各自承受極大的痛苦，透過傾訴彼此的受難故事，以及分享協助他人渡過苦難與療傷止痛的故事，能讓島上災民開放自己，打開封閉狀態，也讓他們能關懷他人，與外界產生深度連結，從而離開孤島。而且最重要的，是讓他們努力找到安慰人的方式，或許就能因此找到安慰自己的方式，永久走出悲傷。再次強調，永久離開孤島的出路要自己找，其他人是找不到的。

其實快樂起來很難，但也可以很簡單。讓受難居民多接觸嬰孩與幼兒，多聽聽童稚的笑聲，可以為心靈帶來陽光，而傷痛者其實最能感受到心靈陽光。此外，鼓勵災民飼養貓狗寵物，也很有幫助。貓擅長尋找快樂，也很會享受快樂，狗則會帶來很多快樂。巧克力也很有療癒效果，吃上一點無妨，而共食又比獨食好。

「非受難者撫慰受難者」與「受難者撫慰受難者」，兩者之間的主要差異是什麼？

在前者，非受難者是以感同身受的方式「扮演」安慰者的角色，同一災難裡「受難者撫慰受難者」的情形中，不必扮演，他們就是實際受難者，而且是同一災難的受難者，沒有誰比他們更有機會了解彼此的創傷，甚至不需要說什麼或做什麼，就能了解彼此。他們知道什麼時候不需要說任何話，什麼時候甚至要離開讓對方獨處，什麼時候要多陪伴一些，什麼時候要開一點玩笑讓對方分心，什麼時候要讓對方宣洩情緒，他們比誰都更能協助彼此找到孤島的出路。

只是傷痛的孤島作用實在太大，怕悲傷氣氛在災民間彼此渲染，難以消除，我們島外的人還需要做一些事，讓島民更有能力、更有意願相互訴說與傾聽彼此的悲傷故事，特別是受到其他島民幫助的故事，以及幫助彼此減少悲傷的故事。

悲傷是一種自我封閉、自我孤立的狀態，任何可以打開封閉狀態、搭起橋梁通往外界的方式，都有助於撫慰人心。

除了前面提到的，一般解封、跨界的方式，像是愛、關懷、知識、信仰與行動，只要讓傷痛之人產生愛己、愛人、關懷、信仰、學習、連結與行動的方法，都是有效的撫慰人心的方式。甚至，在一些特殊狀況下，仇恨、反叛、流浪也能打開封閉狀態。但無論如何，一定要避免冷漠。

如何撫慰受傷的自己？

我們談過「受難者撫慰受難者」與「非受難者撫慰受難者」，但一個人如何撫慰受傷的自己，帶自己離開內心的孤島？

內心的孤島看似親近，卻常有難以跨越的鴻溝。內心的孤島之所以為孤島，常是長期忽略、逃避、欺騙、扭曲、仇恨、傷害的結果，而最麻煩的是，受害者常常也是加害者本人，或至少是某種形式的共犯。

在受害人與加害人有所重疊的情況下，如何讓受害人願意原諒加害人，伸手請求其幫助或接受其幫忙，以及如何讓加害人願意承認錯誤，向受害人懺悔並出手幫忙，都不是容易的事。

有時，靠別人原諒還不夠，甚至會加重罪惡感與悲傷，必須找到扎實的、不是藉口的理由原諒自己，才能脫離痛苦。

搭建橫跨內外的橋梁，必須勇敢的做很多很多事，包括認識自己、傾聽內心的聲音、與自己進行深層對話、試圖理解自己多元甚至彼此衝突的欲望和信念、自我懺悔、自我贖罪、原諒自我、遺忘自我的過錯、關懷自己、更愛自己一點、讓自己更快樂一點、更依照自己內心的聲音過活等等。

這樣，我們或許就可以期待，有一天會慢慢走出內心的孤島。

如何走出世界孤島？

還有一種孤島，我稱之為「世界孤島」。這與先前的孤島類型完全不一樣，極為罕見，但也非常珍貴，通常具有極高度宗教或道德情操的人，如聖人甚至神人等級的，才能成為世界孤島上的居民。

「我不入地獄，誰入地獄」、「地獄不空，誓不成佛」、「為全人類背負十字架」、「先天下之憂而憂，後天下之樂而樂」、「人生不滿百，常懷千歲憂」等詞語，最常被用來描述這些住在世界孤島上的人。島上的人內心存著一般凡人與俗人無法體會與理解的大理想、大心願或大慈悲心，並具有普世高度的想法。這些為全人類的想法，不但很少人能體會，甚至常遭人誤解。心懷眾生，卻被眾生誤解，正是世界孤島居民的典型圖像。

其實，世界孤島一如其名，大如世界，除了島上少數居民，其餘的人都在世界邊緣外的虛無中。那麼，怎麼走出世界孤島？孤島都已經包括全世界了，走不出去吧，還能走去哪裡？

的確，世界孤島的居民是走不出去的，解除孤島狀態的唯一途徑，就是努力讓一般人走進世界孤島中，並且深刻體會或認同聖人與神人的大理想、大心願、大慈悲心，進入島內的人自然也就脫離虛無，懷抱向善之心。

蒼茫與看見

我認識一名盲女，對我而言，她就是個生命故事。

一九四九年之後的幾年，馬祖海上還是戰火瀰漫，我父親是閩北反共救國軍的中隊長，他的部下都是平潭家鄉的老鄉親，其中不少是拖著一家老小，邊打邊退，退到悽苦寒冷貧瘠的海島馬祖，一個除了名字還有些希望、沒有其他可盼望的地方。

打仗的苦真的沒什麼，苦的是頂不住的寒冷、持續的飢餓，更苦的是睜眼就是親人的飢寒苦凍。

我父親有個部下，在家鄉的輩分還高我父親一輩。這位長輩部下夫妻倆這天生下了一個女嬰，伴著女嬰嘹亮的落地哭聲，是媽媽悽苦的哭嚎，然後母女被彼此的哭聲嚇到，哭號一聲疊高一聲。女嬰的眼球極度萎縮，看起來就像兩個黑洞。她看不見。

怎麼辦？夫妻倆求救於長官，也就是我父親。還能怎麼辦，大人都吃不飽了，哪有餘力照顧一個瞎眼小女嬰。留下來，未來對誰都是黯淡的。於是，三十歲不到的父親豪氣的扛著鋤頭，走到女嬰面前，準備活埋她，了結這家人的悲慘，彌補這天地與心中的遺憾。

但或許是母親的哭聲救了這小盲女，又或許是媽祖。準備殺人來救苦的父親，怎麼忍得下母親哭聲中隱含的苦苦哀求。他對著這對父母說，要留下來，就自己要負責，沒人幫得了你們。說完，轉頭就走。

於是，小女嬰留在人世了。有著天使聽覺的她，能不可思議的聽出百公尺外是誰的腳步聲，也可以聽出你深埋的心聲。人們總是對她說「隊長準備活埋她」的嚇人故事，所以每次遠遠聽到我父親的腳步聲，小盲女都會嚇得全身發抖。

後來不打仗了，我父親帶著許多部下來到台灣，包括小盲女，去了台東太麻里，面對大海大山，墾荒過日子。剛開始日子還是非常苦，住的是茅草屋（我親眼見過這些茅草屋，現在還記得它們的位置和樣子），但日子總是太平了。一年過去又一年，日子變得稍微富裕些，在我父親的協助下，盲女一家蓋了新房。那時，起新厝是大喜事，要大請客。然後我們發現，艱苦的日子不僅發生在外面，內心所造成的艱苦才真是嚴酷。

那時的人們認為，家中的殘疾人是家醜，家醜能不見人就不見人，自然不能在大喜的日子出現在賓客面前，不雅觀，不吉利，沒面子。於是，已經是青少女的盲女被父母親不忍心的留在舊房子中，那天新家賀客盈門，宴席持續一整天，小盲女一個人坐在只剩一張椅條的舊家，那個非常矮、非常暗、潮溼發霉的茅草屋。舊家與新家之間隔著一叢叢割人的芒草，還有一道道防止土石流的石牆。

盲女姐姐的小名就叫「蒼茫」（福州話，意思就是瞎子），我很小的時候總喜歡去蒼茫姐姐房間，那房間是如此的乾淨、整齊、寧靜，就像鄉裡的天主堂，蒼茫姐姐總是安靜的坐在床上，用細細的聲音招呼我，那畫面就像一個美麗的天使問候一隻滿身黑泥的瘦皮猴。我四歲多才會說話，所以那場景簡直像一個天使瞎子與一個啞巴猴子的異時空「對話」。

但這被喚作蒼茫的天使還有人世間長長的路要走，她沒多久就被送去西部的啟明學校，開始學著用手指讀書，開始學習人世間的種種教訓。不久，蒼茫姐姐就顯示出她的音樂天賦，被判定有絕對音感，再難的曲子都入耳不忘。這樣的天賦讓大家知道她在人世間的用處是什麼了，讓大家知道如何讓她能自力更生，不再成為大家的負擔。於是，她被送去屏東（或高雄）的鋼琴工廠當工讀生，負責調音，幫自己和工廠賺錢。

人是會傷害人的，而傷害人最深的往往是同類的人。蒼茫姐姐那鋼琴工廠的老闆也是名重度視障者，同類人了解同類人的優點與弱點，而眼盲人有天使也有魔鬼。蒼茫姐姐在那裡遭受不斷的虐待，苛扣薪資自然不在話下，其他許多事就不細說，只另說一件有場景的事：

在鋼琴工廠，蒼茫姐姐沒有睡覺的房間，她也不在工寮中休息，她甚至沒有床，被安排在廁所旁邊的走道上睡覺。一天下來，廁所旁難免不乾淨，蒼茫姐姐每天忙完工作，睡覺前都還要提來一桶水，一抹一抹的把地板清洗乾淨，然後搬來床墊，鋪上床單，才能睡覺。沒有蚊帳，只有蚊子，還有旁邊的屎尿味，這樣過了好多年。那時蒼茫姐姐還只是十幾歲的孩子，不知道她心裡會不會害怕，對人與世界有沒有怨恨，不知道她會不會問自己「為什麼人要傷害別人？」

不知道過了多少年，不知道蒼茫姐姐如何走過那些日子，後來她獲得國際鋼琴調音師的資格，成為台灣第一位女鋼琴調音師，還獲得一個大獎，隨後李登輝總統接見她。見面的時候，蒼茫姐姐告訴李總統她的故事。李總統是人，而且是個有力量的人，所以屏東那個鋼琴工廠便被符合正義的對待了，那工廠被狠狠的調正了。

大約十五年前，我去台北馬偕醫院後面的巷子探望蒼茫姐姐，蒼茫姐姐做飯招待我。從洗菜、切菜、開瓦斯、炒菜、調味、裝盤到擺上桌，一道一道菜都自己來，道道美味。蒼茫姐姐十指切菜的速度驚人，手指抓鹽就落在鹽罐中間的三釐米鹽面，醬油倒的分量剛好，不過淡也不過鹹。蒼茫姐姐現在以伴奏為生，還是自給自足的過日子。後來我才知道她的名字不叫蒼茫，而是寶珠。寶珠人如其名，而且她看得見很多事。

三個瘋子

人生常常是孤獨的，有時莫名其妙就孤獨了；有時因為需要靜一靜想想事情、想想自己，需要孤獨一下；有時純粹因為驕傲而變得孤獨。

大學裡少不了讀書，而讀書時大多是孤獨的。有的孤獨是好的，有的則有害，對於有害的孤獨，要警醒，有徵兆就避開。我常在政大校園與附近的河堤散步，總共遇見過三個瘋子（請暫且忽略此詞所帶有的負面意思），每個瘋子都讓我學到了一些事。

莊子與搖搖哥

前幾年在政大附近經常可見一男子自言自語、手舞足蹈、橫行霸道、旁若無人、徹底不修邊幅、自顧自的漫遊在校園內外，政大師生與附近店家漸漸習慣他的存在，大家暱稱他「搖搖哥」，接納他成為生活世界中的一部分。生活中有搖搖哥就如同生活中有一些教授，同樣的自然。

但是這個瘋子就像其他瘋子一樣，讓我感到非常孤獨。聽說莊子也非常孤獨，很可能莊子（或竹林七子型的人）也自言自語、手舞足蹈、橫行霸道、旁若無人、徹底不修邊幅、自顧自的漫遊在天地之間。「獨與天地精神往來」的莊子與「獨與政大校園往來」的搖搖哥，兩者的孤獨有何不同？

他們看起來都很自由，好像也很回歸自我，不理他人，不受環境的羈絆，異於常人，甚至有些創意。看不出來的是，搖搖哥是不是如莊子一樣能敏銳的感知大自然與自我。但至少有一點是明確的：莊子式的孤獨狀態，最後能呈現一種「透明狀態」，一種能讓其他人欣賞、理解的狀態。所以，莊子的孤獨只是一種方法與過程，它的結果具有知識意涵，也就是莊子的孤獨最後可以達成一種原則上大家都可理解的、甚至認同的狀態。搖搖哥式的孤獨狀態自始至終都是一種封閉的、不透明的幽暗狀態。

和雨傘對話的瘋子

入夏以來，經常可以在河堤上看見一名打赤膊男子，帶著些包袱，拖著一輛裝著破爛家當的破菜籃車，他比較像個無家可歸的流浪漢，比較不像個瘋子。赤膊先生似乎就住在河堤上，他像隻外殼破損的蝸牛，太陽一大就蜷曲在破殼中，卻也不能完全躲掉太陽。赤膊先生的破殼就是一支大大的破傘。

有一次，我走過河堤，看見赤膊先生對著他的大傘，不斷抱怨大傘：「你看你，不打開，一直溼溼的，都長了一堆螞蟻了。」我想，那支大大的破傘不只是赤膊先生的家，已經是赤膊先生的家人。而赤膊先生不是無家可歸的流浪漢，他是瘋了，他一開始是無家可歸，然後因為無家可歸，希望有家，而瘋了。

小時候住在鄉下，經常看見披頭散髮的阿姨、姐姐瘋子。其中最難忘的類型是，懷裡抱著布娃娃，來來回回的喊孩子、孩子。當她們衣不蔽體時，鄰居的婆婆媽媽阿姨們會趕緊上去幫忙穿好。現在，街頭上的女性瘋子很少見了，看得見的似乎都是男性，不知道為什麼。

我相信，在舊市區或新市區的某些角落中，有著許多無家可歸的流浪漢，但是他們渴望有家。久來，無家之人與瘋子兩者之間會變得難以區分。

瘋子看我

有一天，我在河堤上散步，遠遠就看見一個瘋子走過來，而神奇的是我已經預知接下來會發生什麼事。

瘋子自然動作怪異，穿著與眾不同，披頭散髮，髒兮兮。

這瘋子在三十公尺前就開始盯上我，越走越近，從一開始的正眼看我，轉變成側身歪頭斜眼從低角度看我，然後一直笑，還掩著嘴巴笑，毫無疑問是笑我。

真是瘋了。

不過，瘋子還是有權利笑我。

5

專注現在 預見未來

專注使事物變得真實，專注的心沒有黑暗，光明的心讓生命豐饒，讓我們看到幸福。

遠近視野的轉換

在人生路上走跳，要學會觀看。常見兩招，一是白骨精修道法，二是專注法，兩招都是觀看「真實性」的方法，有助於我們看見困局的出路。

有時候，我們會被「眼前的問題」所困，例如為情所困、為名利所困、為求不得所困……，為一些多年後看起來會發笑的事所困。

有「智慧」的人常建議以下這個解「眼前之困」的方法：看長遠一些，從大局來看，從一輩子的長度來看，從子子孫孫的人生長度來看，甚至從人類生命整體或宇宙的規格來看，當我們將「眼前的問題」放在大尺度脈絡來看的時候，就有機會發現，這些近距離看起來非常大的「眼前的問題」，變得不是那麼大，變得不是那麼重要。這時，不是解決了問題，而是直接讓問題消失。

舉例來說，假設一個人被美豔的少女所迷，或為帥哥所惑，求不得，甚苦。嘗試這個老方法：以他們的一輩子為脈絡，來看待美豔少女與帥哥，十年後會如何，二十年後長相如何，三十年後走山如何嚴重，四十年後牙剩幾顆髮禿多少，百年後又如何？當我們這麼看，就能了解《西遊記》裡蘊含的白骨精修道法。

這個「脈絡放大消解問題法」的精髓，就是透過「摧毀眼前、個別事物的獨特性與持久性」，來消弭個別事物的價值。然而這也是它的副作用所在：當我們凡事都以大尺度、大脈絡來看，就沒有什麼事是值得關心的了。人總是要死、地球最終要毀滅、宇宙會進黑洞，我們還有什麼好在乎的？

所幸，我們有讓事物變得有滋味的方法，那就是專注。專注使事物變得真實，專注使我們變得真實，專注使事物與我們都變得有滋味。讓我們從「三種注視」來看看專注的力量：

- 我看著你時，眼角還很自然的飄到旁邊的他／她。
- 你是我視野中唯一的主題，其他都是烘托你的模糊背景。
- 你是全世界。連看你的我都不存在了。

重點不是自我的消失，而是主客邊界的消失。這是專注的力量，其實也是愛的力量。

於是，我們似乎有個兩難：一方面專注使事物變得真實有滋味，但是我們會容易執迷；另一方面，以大尺度、大脈絡來看事物，就不會執迷，但事物就變得不值得關心了。

所幸，我們是自由的，有時可以選擇專注，有時可以選擇大視野。多多練習遠近視野的轉換，有時遠有時近，遠近常切換，我們就會越來越自由。

買個破產經驗

這是我家孩子的一個「沒有成功的失敗故事」。有些失敗經驗比任何成功經驗都來得可貴，破產便是其中一種。歷經破產還能再起的人，所學到的事情不僅豐富，還都刻入骨頭、烙印在心。所以，雖然不求失敗，但也不必害怕失敗，而且當失敗來臨時，總是把它當成難得的學習經驗。

我的孩子初到美國讀高二，數學老師看到孩子SAT（美國學測）數學成績已經考到滿分，很希望這孩子修他的數學課，可孩子偏不。畢竟終於有了這麼大的彈性可以選想上的課，終於可以不用上數學課，他哪肯這樣滿足老師對他的好奇。

他興沖沖選修想要的經濟學，然後跟著經濟學老師一起研究股市，常常覺得自己已經掌握到一般人沒掌握到的、穩賺不賠的投資公式，套用數學函數或電腦程式去演算模擬，一副蠢蠢欲動、躍躍欲試的樣子。

上了大學後，已經忘了他暗示的是「多年來被爸媽拿走的壓歲錢」還是「積欠的零用錢及獎勵金」，總之一番周折後，我「還給」他十萬元，讓他可以用來投資股票（美股）。

我的目的和他的幾乎相反：他想證明自己是正確的，我想證明他是錯的；他堅信自己能賺錢，我預測他會破產。而讓他破產是我的真正意圖。

十萬元買一個破產經驗，便宜。破產經驗內涵豐富，但通常代價太大，慘烈難當。

我以為我的目的達到了，有一天，他突然跟媽媽說：「我要用功讀書了」，因為「股票快賠光了」。然而，幾年過去，他沒破產，還賺。這只能算小賺，因為我的投資目的沒達成。

這個故事要說的也是賭場教我們的最重要的一堂課：人生，要輸得起。

假設一個人和賭場的輸贏機率是一樣的，各百分之五十，但若賭得久，賭場贏的機會就會變高得多，不是輸贏機率改變了，而是我們破產的可能性遠高於賭場破產的可能性；一旦破產了，已經輸了就再也贏不回來了，只能出局。賭場的本錢遠比一般人的賭本多得多，它可以輸給我們非常非常多次而不破產，但我們只堪得輸幾把或幾十把，再輸就精光，再拗就欠債。

這是賭場教我的一堂課：透過厚實自己的財富、氣度、心力、修養或聲望，讓自己成為可以輸一千次、一萬次仍不垮的人，成為輸得起的人。

許多看起來很強大的人或政黨或團體或公司，不斷的贏，贏了一千次、一萬次，但卻是一次都輸不起，輸一次就垮了。這種人或政黨或團體或公司會一直活在恐懼中。想一想，為什麼贏了那麼多，卻一次都輸不起？

問問自己，操持什麼樣的心念，抱持什麼樣的希望，實踐什麼樣的理想，會讓自己成為失敗卻仍舊挺立的人？

門廊上的哲學觀看

斯多葛學派之名來自該學派創始人「季蒂昂的芝諾」的教學地點，芝諾常在可俯瞰雅典廣場的一個門廊講學，「斯多葛」便是「在門廊」的意思。斯多葛學派也因此被稱為門廊哲學，用來對比柏拉圖學派的學院哲學、亞里斯多德學派的演講廳哲學，以及伊比鳩魯學派的花園哲學。

門廊哲學的重點就是「觀看」，斯多葛門廊的觀看不是theoria（理論）這個希臘字所建議的「遠觀」，保持距離置身事外的觀察，而是一種使內外事物獲得關照的專注，使事物變得真實的專注，讓心不再有黑暗的專注。

專注在可以控制的東西

斯多葛式修養的第一個重點是，區分出自己可以控制的事物及無法控制的事物，然後專注（prosochê）在可以全然控制的事物上。

斯多葛學人認為，一個人能全然控制的事物只有自己的行動、信念及德性，除此之外的所有東西都不是我們能控制的，天氣不能、交通不能、選舉不能、政治不能、別人要怎麼想不能，很多我們以為能控制的，事實上都不能。我們常常很想去控制，但注定徒勞無功。區分能控制的與不能控制的，才能讓自己避免因幻覺而產生的各種過度控制欲，以及伴隨這些過度控制欲而來的煩惱與挫折。

專注在自己可以全然控制的事物上，通常會讓我們更重視過程，對結果更釋然。目的、結果很重要，人們為此常常用心準備，也難怪達不到結果時會感到挫折，幾個挫折就能澆熄熱情，靜默心鼓。但斯多葛學人認為，絕大部分的結果是不能全然控制的，事物如何成就有太多偶然因素，可以控制的是準備過程，而那就是一個人的德性、信念與行動，因此專注在過程而非結果不僅是理性的，也能讓我們在挫折多變的世界中保持熱情。

「斯多葛弓箭手」（The Stoic Archer）常被用來比喻這種「重視過程，對結果釋然」的心態。射箭前，斯多葛弓箭手盡其所能準備，箭在弦上，腰桿挺直，屏氣凝神，全身放鬆，沉浸的感受風的線條，然後冷靜釋放箭矢。斯多葛弓箭手重視射箭前的準備過程，不過，無論是鬆手射箭時、箭在空中飛時、箭停止飛時，中不中的都不是他所關心的，結果從來不會煩擾他，因為他心裡知道，結果不是他能控制的。

斯多葛學人對於「專注於可控制的事物」的看法趣味豐饒，但對於「可控制的事物」看法過於寬泛，以至於忽略了許多煩惱的根源。

斯多葛學人認為，一個人能全然控制的事物只有自己的行動、信念及德性，除此之外的所有東西都不是我們能控制的。我認為，許多行動、信念及德性的形成也不是我們能完全控制的，任何一件事情的起因都是非常複雜的，當中有許多不是我們能知道的，更不用說全然控制，一個念頭、一個動機、一個決定、一個信念、一個腳步、一個風格常常就那麼不知為何的浮現，或悄悄襲來，或猛烈攻擊，或蜂擁而至，不可控制。

事實上我認為，所有「過去的以及已經發生的事物」，包括過去的和已成現實的發生的行動、信念及德性，都不是可以全然控制的，因此根據斯多葛哲學，專注在過去和已發生的事物上純是自尋煩惱。念頭浮現就浮現，隨它去，事情做了就做了，不必追悔，善惡既成，不必管它，所有過去的都應留在過去。事實上，就像過去，未來也不是我們能完全控制的，未來不可知太多，變數太多，很遠的未來當然如此，很近的未來未嘗不是如此，不需要對未來有太多期待、盼望及想像，斯多葛精神會說那是煩惱根源。

過去不能控制，未來（幾乎）不可控制，不要專注在過去與未來，似乎我們能專注的是當下，這個開展出立即的未來的這一點。但是，什麼是專注在當下呢？我們必須要想得更深一點。

一般認為，思想具有主動性，感覺卻是被動的。思想不被環境侷限，但感覺卻是被動的反映環境的狀況。張開眼睛，在正常情形下，外在環境如何，我們就會看到什麼，如果環境中有棵大樹，就會看到大樹，由不得我們不看到大樹，其他感官感覺也同樣如此是被動的。被動的一層意思是不可控制，因此斯多葛哲學走到底必須說，不要專注在五官感覺的內容中，我們能控制自己要不要感覺，但不能控制會感覺到什麼，只能專注在要不要感覺的決定上，不能專注在感覺內容。這幾乎等於說，我們只能專注在自己的專注上。

感覺明顯是被動的，但思想真的是主動的嗎？思想的發生經常不是我們能控制的，思想發生後也常常影響甚至規範我們後續的思想、行動與品格。換句話說，思想的內容也會控制我們，讓我們變成被動的，因此斯多葛哲學應該主張，不要專注在自己的思想內容上，只專注在決定要不要想；甚至不能專注在自己要想什麼，而是專注在自己的專注本身上。

不要專注在自己的感覺內容，不要專注在自己的思想內容，只專注在自己的專注上，這會形成一種獨立自主的自由狀態，進而接受這專注於專注上的自由所帶來的所有事物，那是我們唯一必須接受的命定與遭遇，其他的命定與遭遇都是幻覺。

扛起責任

緊接著「區分出自己可以控制的事物和無法控制的事物，專注在可以全然控制的事物上」，斯多葛學人很合邏輯的建議，既然已界定出什麼是我們可以控制的，對於自己可以控制的事物，我們是具有照顧與實踐責任的，有責任就得扛起責任。既然能控制的是自己的德性、信念與行動，就需要好好關照自己的德性、信念與行動，那是我們無可逃脫的責任。

斯多葛思想凸顯主體性，斯多葛學人認為，我們只對自己負責，不對其他任何外在事物負責。他們強調的責任是一種「內向的責任」，是一種對自己的德性、信念與行動關照的責任，而不是「外向的責任」，不是回應外在要求的責任，不可控制的事物無法命令、要求斯多葛學人做什麼。

但這並不代表斯多葛學人主張自私，忽略公義與慈愛。公義與慈愛本來就根植於德性與信念之內，重點在於德性、信念與行動都是自我要求、自我承諾的，不是受不可控的事物所控制的，無法卸責，只能承擔，這才是真正的責任。

「內向的責任」觀點不僅涵蓋內部狀態，事實上它關照內外。斯多葛學人有許多膾炙人口的金句玉言，其中最著名的或許是斯多葛學派的羅馬皇帝奧里略（Marcus Aurelius）在《沉思錄》（*Meditations*）中的這段話：

「當你被外在事物所苦惱時，讓你痛苦的不是那些外在事物本身，而是你對它們的評價，而你是有力量隨時撤銷你對外在事物的評價。」

許多外在事物對我們無法有直接的影響，必須透過「我們對它們的評價、衡量、預估」來影響我們。通常，當我們越看重它們，它們越能影響我們。我們對外在事物的看法，決定了外在事物對我們的影響，而我們對外在事物的看法是自己可以決定的，所以外在事物也好，內在事物也好，事物如何影響我們都是由自己的內在修為來決定。

專注的心沒有黑暗

區分出自己可以控制的事物和無法控制的事物，專注在自己可以全然控制的事物上，承擔起照護自己可以控制的事物（德性、信念與行動）的責任。其中，專注是斯多葛學人很重要的一種修養方法。

可控制與不可控制兩者之間的界線是浮動的，專注是一種方法，讓我們可以不斷迫近可控與不可控之間真正的界線。隨著專注的精進，有些過去以為不可控的事物，後來發現它事實上是我們內在的事物，於是決定負起責任好好對待它；有些原本以為自己可以控制的事物，原來不可控，因此決定懸置它，隨它任它。

斯多葛的專注概念內涵豐富，歷來哲人的詮釋爭議不小，這裡只能談一些基本的。

專注本身就是一個區分，而斯多葛的專注是專注在自己可以控制的事物上，也就是自己的德性、信念與行動。既然這裡的專注所涉及的都是自己的狀態，斯多葛的專注是一種「內省的專注」，一種觀照自己的狀態或過程。這是一種持續自我觀照的過程，自己可以控制的事物不是全然呈現在我們意識中，專注照亮這些被忽略的自我可控事物，讓它們浮現在意識中；縱然是自己內部的事物，也不是全部都屬於我們可以完全控制的，有些心思雜念就是不可控的紛至沓來，專注最終讓我們處在一個可以完全控制自己的狀態，卻又可以關照、照護這些隨意、偶然進出我們意識舞台的內外在事物。這是一個既脫離又關照的狀態，專注在真正可以完全控制的事物，讓我們可以脫離自己不能掌控的事物，卻最終又可以關照、照護這些自己不能掌控的事物，至少以適當的方式關照、照護這些在心的專注旅途一開始刻意要忽略的事物。

專注使事物變得真實，專注的心沒有黑暗，光明的心讓生命豐饒，這就是從門廊哲學觀看到的幸福。

一生懸命

「一生懸命」這四個漢字常見於日本人的客廳或書房，用來惕勵自己。我也常在哲學概論課堂上談到它，以鼓勵學生。

我總是這麼說明一生懸命：想像自己是一具傀儡，而且是一具僅僅以一條頂上的線懸吊著的傀儡。細細的那條線可能百年之後會斷，更可能明日就斷。命懸一線，用來寓意一個人當認真活著，認真過著每一天，如同明日就會死去那般活著。

對著青春正茂的大學生說這些話，會不會過於嚴苛、太嚴肅了？（命都端上檯面了，能不嚴肅嗎？）

後來想想，如果適當的了解「認真」兩個字的意思，一生懸命就不會逼人太甚。我認為，「認真」、「真實」、「真實的自我」、「專注」是一組相互關聯、彼此支持的概念。

也就是說，認真的人是專注的人，而專注使得「專注的人」及「被專注的事物」都變得真實。事實上，它也連帶的讓在旁「觀賞專注情境」的人都變得真實。

一個人最真實的時候最像自己。另一個方向也對，當一個人最像自己的時候，最真實。

所以，當我們認真的時候，是專注的，而我們越專注的時候，越真實。更進一步來說，當我們越真實的時候，越像自己。從另一個方向來說也對。這也是為什麼「做自己」（be yourself）會成為智慧語，而探索「我是誰」（Who am I？）是重要的智性活動。

一生懸命的人最像自己，像自己最自然，自然的自己自然不會疲累，自然不會太嚴肅。

二分之一人生目標法

這是一個鼓舞生命士氣的數學遊戲。

我相信，人生有目標比沒目標好，人生目標使人活得更帶勁。但人各有所好，人各有所偏，很難想出一個「統一偏好論」，訂出人生目標應有的內容。

「二分之一人生目標法」繞過人生目標的「內容面」，從「形式面」入手，思考如何設定人生目標。

首先，合理預估自己的人生剩餘長度，假設它為K年，然後設定一個預估可以在K年完成的目標，當成終生人生目標，稱它為M。但是，不要把終生目標M當成全神貫注的目標，該專注的目標是一個中繼目標M_1，M_1是通往M的中途點，也就是設定在K/2年的那個目標。K/2年後，無論有沒有完全達成M_1，請重設一個新的中繼目標M_2，就在剩餘人生旅途的中間值上，這個值有可能是K/4，或是因為餘生長度預估值的改變而產生一個新的值的二分之一。以此類推，總是在舊的人生中途點上，設定一個新的中繼目標，並將剩餘生命旅途的中間點當成目標完成的期限，然後致力為之。

這有什麼好處？

無論我們多老，總是可以有一個「半生」完成一件人生重要的事，無論這剩餘的「半生」有多短，它總是半生，而且總會有這半生，無論餘生有多短。

這是數學遊戲嗎？是的，這是一個鼓舞生命士氣的數學遊戲。

選敵指南

如果順著舒適感，自然會認為選朋友是重要的事，而對於敵人，我們避之唯恐不及，何來「選敵人」這件事？但我覺得，選敵人比選朋友重要多了。

無論在哪裡，人類幾乎都少不了朋友，也躲不掉敵人。我們都喜歡朋友，但朋友還是要挑，因為好的朋友有時會帶我們上天堂，壞的朋友鐵定讓我們帶著無辜不解的臉下地獄。

所幸，歷來交友指南很多，例如孔子的友直、友諒、友多聞。相對的，可能由於敵人帶來壓力，對於「敵人」，我們不僅了解不多，還誤解不少。這裡是一些我對敵人的想法，可以當成選敵指南：

✓ 挑對敵人可以抬高我們的身價、鍛鍊實力與擴展視野。所以，除非為了公益，不要挑實力比自己弱的敵人。但也不要太自不量力，挑超強敵人，一下子就被殲滅，連躲都躲不了，逃也逃不掉。

✓換句話說，敵人有好的，也有壞的；有值得的，有不值得的。

✓把我們當成敵人的，並不自動是我們的敵人。通常，不要把將我們當敵人的人視為敵人，因為將我們當成敵人的人通常比我們差。

✓有人將你當成敵人時，要小心，但不要傷心、氣惱，因為那通常表示，有人看得起你。（要當心，因為「無謀人之心，而有謀人之跡者，必死」，而有沒有謀人之跡，並不決定於我們，自己以為沒有，在別人看來卻可能有）

✓不要完全依照個人的怨恨值與情緒挑選敵人。挑選敵人如同挑水果，不同決定會付出不同代價，這也是一種經濟行為，有理性的成分。

✓要學會避開那些自己不喜歡但不適合當成敵人的人或事，要勇敢面對、挑戰、攻擊、消滅那些被我們視為敵人的人或事。最難的是，有些自己很喜歡的人或事，卻是最適合、最應該作為敵人的人或事。

✓消滅敵人有毀滅它與消解它的區分。「化敵為友」與「轉化敵人的重要性」（將其從很重要轉化為微不足道）屬於消解敵人的型態。

✓敵人有人、有事；有的有形，有的無形；有的在外，有的在內。有時候，敵人就在我們心中。

是否要與自己為敵？要與自己的哪些東西為敵？這是一個困難但重要的問題。我的建議是，不要成為自己全面性、長期性的敵人，而是要亦敵亦友。

尼采的精神三變：駱駝、獅子、嬰兒

我們要做價值的生產者，不要做價值的消費者。價值創新不會有輸家，所有人都是贏家。

德國哲學家尼采在他的經典名著《查拉圖斯特拉如是說》中談到精神三變，以駱駝、獅子、嬰兒三種生物來譬喻人類精神的變化，會由駱駝變成獅子，再由獅子變成嬰兒。一般人對於駱駝、獅子、嬰兒的理解是：駱駝所代表的是背負傳統道德的束縛，獅子則是象徵勇於破壞傳統規範的精神，嬰兒則是代表破壞後創造新價值的力量。

我的詮釋稍有不同。

駱駝：被環境所宰制，無力改變環境，只能改變自己來適應環境。改變自己純粹是為了適應環境。

獅子：有能力操控環境，比別人有能力改變環境。透過改變環境來壯大自己，本質不變，只是變得更強大。

嬰兒：反璞歸真。不因環境改變自己，也不消費環境壯大自己，而是重新回到真實的自己，自由決定自己要成為什麼樣的人。

如果我們相信這還是一個講求「競爭力」的時代，那麼我們還處在「獅子年代」。在獅子年代中，一個人有可能是獅子，也可能是獅子的食物。不幸的，獅子只是少數，大部分的人是獅子的食物。那些高聲喊「不要怕競爭」的人都已經是獅子，而且大多是缺牙老獅子，他們知道，大部分的人都會成為獅子的食物，只是有些是乖乖被吃的食物，有些是會掙扎的食物，而越多人相信這是一個「獅子年代」，越多人會願賭服輸，接受自己成為乖乖被吃的食物。

就算成為少數的獅子，也只是不斷消費環境的人，不是價值生產者。

我們不做駱駝，不做獅子或牠的食物，而是做自己，成為創造新價值的人。

輯三

探

真理

為自己學習
閱讀打開通往世界之窗
真理之追求

6

為自己學習

一直拍、一直拍，有一天忽然就飛起來。小鳥這才真正知道什麼是飛翔，飛翔是牠的本性，不斷練習是為了實現與發現本性。

關鍵的大學一年級

大學的第一年很重要，是大學學涯的基礎，基礎打得好，往後才能起高樓。大學階段的學習樣態不同於高中，更加重視自主學習，這點最好在大一就能了解，對往後的學習之路才有幫助。

大一修的課大部分是基礎課程，我建議大一生特別要選好的課來修，尤其是具有挑戰性的課程，讓自己成為「教學鑑價師」。這不只有助於打好知識基礎，也能為日後設定學習品味的高度。

基礎課程有三個重要性值得注意：

- 為進階課程提供先備知識。
- 讓學生得以瀏覽相關議題涉及的知識全貌，以利提早發展出個人學習地圖的概觀。

- 在課程初始階段就為學生帶來強烈的感動，並激發學生主動、積極投身學習的熱誠。

此外，從前面提到的「教學鑑價師」，我們還可以看見另一個必須重視大一的理由。

在大學的第一年，讓學生接觸到的課程最好都是高品質課程，包括最優良的教師。然而，高品質課程通常不會是輕鬆的課，老師認真有料，學生積極投入，方方面面都是深入而非淺碟式的課程。重點是，要讓學生覺得學到東西，不虛此行。擁有這樣高品質的學習經驗，大一生會成為具有校園及社會影響力的教學鑑價師。也就是說，教學鑑價師具有公共角色。

我們的教學鑑價師升上大二後，繼續往前走，他們會受不了品質不佳的課程，給那些「堅持透過認真教學來獲得學生尊重」的教師極高的評價與支持，並且不齒給予大一學弟妹「選那些又甜又閒的營養課程」或「人工糖精課程」之類的建議。對於大一新生來說，選課基本上不會理老師怎麼說，不會聽家長怎麼唸，更不會看授課大綱怎麼寫，拿不定主意時，學長姐的意見總是特別的救贖。

這些具有專業精神的教學鑑價師升上大二後，甚至會以各種方式要求老師認真教學，例如用一個期待或不屑的表情。

已經看過好東西的大一生，到了大二、大三、大四，他們會將課程品質持續頂上去。

因此，我主張大學應該發展優質的核心課程，務必讓大一生修到好課程，也邀請優秀教師來大一開課，讓我們的大學生在大一時就能養成課程高品味，當個優質教學鑑價師。

千尋十二隻貓頭鷹

大學是追求智慧的地方，校園裡不能沒有智慧的象徵。紐約哥倫比亞大學圖書館前有座智慧女神像，女神的長袍裡藏有一隻貓頭鷹。在古希臘，晝伏夜出的貓頭鷹是神的信使，帶著智慧的訊息，牠的目光猶如一對在無知黑暗中閃亮著內在之光的寶石。沒有好奇心，一般人找不到深藏在女神袍子內的貓頭鷹。

在我擔任政大書院執行長的時候，原本打算將書院大講堂規劃成天花板上有一系列往講台方向漸次內縮的拱型木，拱型木上藏有木刻、泥塑、石雕或鐵鑄的幾隻貓頭鷹。在沿著書院區到山居學習中心的學習之道上，另藏有其他不同型態的貓頭鷹。在堂內屋外的十一隻貓頭鷹，沒有一隻是容易找到的，因此第十二隻的出現更顯珍貴。雖然當時滿心希望讓「千尋十二隻貓頭鷹」成為政大人共同的故事，希望同學們在畢業前都能找到這十二隻代表智慧的貓頭鷹，可惜這個構想並沒有實現。

這十二隻貓頭鷹分別代表不同寓意，包括：

一、等待智慧：有些智慧的出現需要耐心等待。書院牆上的音樂鐘，每整點減九分鐘會響起音樂，音樂鐘裡蹦出來的是天使（或傻公主笨王子），只有等到二十四節氣的當天日出時，在音樂聲中，「等待貓頭鷹」就會從音樂鐘現身十一又四分之三分鐘。

二、深入智慧：有些智慧事關堅持到最後。在書院花園步道盡頭的最後一塊石板上，在不得不轉身的那個點上，一回頭就能看見這隻貓頭鷹。也只有堅持到最後，就在不得不轉身回頭的那個點上，不垂頭喪氣，目光持續堅毅平視，勇敢的轉身回頭，才能看見這隻深刻於大理石牆上的「深入貓頭鷹」。

三、角度智慧：漸層側立的木柵欄，正面看不出所以然，右側經過直接看穿，空空然，從左側走來，在不經意的第十三步與十七步之間，當平行側立的木柵逐漸靠攏，「角度貓頭鷹」就會逐漸浮現在聚攏的木面上，在第十七步與二十一步之間，隨著木柵分裂，牠逐漸隱去。這是一隻你必須要移動自己才能對上角度發現的貓頭鷹。

四、合作智慧：在書院宿舍的大牆上，有個左陰右陽浮雕，若是一個人孤零零看，左看右看、俯視仰視，都看不出所以然。只有靠三名同學合作，其中兩位同學各持火炬（手電筒也可以）分別站在左陰右陽浮雕左右邊三公尺處，緊貼著牆，左邊同學站著，右邊同學蹲著，光照著浮雕，第三位同學則站在浮雕正前方三公尺，這時合作的光線，會讓左陰右陽浮雕變成右陰左陽，於是「合作貓頭鷹」浮現了。眾人合作，分享成果，所以要記得輪流照、交替看。

五、菩提智慧：書院旁有棵菩提樹，菩提葉是心形的，滿樹的菩提葉隨風飄，好似千千萬萬顆的心跳動著。一年中的某個時候，滿樹還是綠油油的菩提葉，在大家最不期待葉落的時候，千萬顆跳動的心葉在數日內會忽地落盡繁華。釋迦牟尼佛在菩提樹下悟道，或許就在落葉熄心的那一刻。書院菩提樹落盡繁華的那幾天，可以看見原本藏在心形葉中的「菩提貓頭鷹」。

六、愛心智慧：收養一隻流浪狗當書院的鎮院之狗，為牠掛上琉璃球狗項圈，琉璃球內刻有貓頭鷹。親密的抱起這隻曾經流浪街頭的書院浪浪，才看得到琉璃球裡晶瑩剔透的「愛心貓頭鷹」。

七、流水高度智慧：過渡賢橋，拾楓香樹下木棧道而上，來到書院大講堂旁的小廣場，俯瞰山下校區連著棒球場，景美溪環繞。溪水從雪山山脈來，近年又還原了本來的清澈潺潺，就在清流水下躺著石雕「流水高度貓頭鷹」。水清澈的時候才看得見、有高度才看得見的「流水高度貓頭鷹」，看盡流水年華。流水總是一去不回頭，唯有「流水高度貓頭鷹」年年依舊。

八、倒立智慧：有些事情需要反著看才能看到真相，有些話是反話，有些動作是聲東擊西。第八隻貓頭鷹是「倒立貓頭鷹」，不是貓頭鷹倒立，而是看的人倒立，頭下腳上才看得到的貓頭鷹。無法倒立的同學需要蹲得很低、頭要扭得很厲害才看得到。

九、休息智慧：懂得休息才有智慧。喝完書院咖啡，在杯底發現貓頭鷹。

十、裝智慧：政大書院貓頭鷹日，校長與書院老師穿著貓頭鷹裝，裝成貓頭鷹，比賽搞怪。智慧不必太嚴肅，不嚴肅的智慧「裝貓頭鷹」是我們尋找的第十隻貓頭鷹。

十一、X智慧：書院的畢業之門上，有個張著獠牙大口的怪物浮雕，這怪物名叫「未知」。「未知」怪獸其實正是畢業長，牠負責檢視你，看你夠不夠格畢業。方式是將你的右手握拳，伸進「未知」的獠牙大口中，如果牠在你的手背印上「×」，恭喜你，代表通過了，那通向未來的畢業之門也同時打開。

十二、你的智慧：蒐集到十一隻書院貓頭鷹，就能擁有第十二隻，因為「自己的貓頭鷹」破殼而出了。

真正的智慧就是自己的智慧，別人的智慧話語都只是幫助我們長出自己智慧的工具。「千尋十二隻貓頭鷹」中的前十一隻貓頭鷹，數量可以多一點也可以少一點，也可以是與前述所提完全不同的十一隻，重點在於，牠們捎來的訊息能否幫助我們孵出自己的貓頭鷹，因而有能力在人生的各種迷霧中找到出路。

學習的脈絡

愛因斯坦曾經說：「並不是我特別聰明，而是我沉浸在問題中比別人久，久得多。」答案是思想的殺手，答案一在手，思考就停止，而當大家停止思考很久後，愛因斯坦仍沉浸在問題中，持續思考。

沒有問題的學習，不是真正的學習

好的學習經驗很含混，不好掌握。不過，當學習感覺起來像軌道上快跑的火車時，不要太早高興，這代表可能是一種無效學習。沒有問題的學習不是真正的學習，學習之路千轉百迴，因為學習的處境常常是問題之鄉、含混之地。害怕含混會讓我們避開真實的問題，反而遠離真正的學習與創新。

讓我們來討論一個含混的例子。

「能力越強，責任越大」這句話聽起來讓人覺得興奮嗎？聽起來越興奮，就越是個自信的人。當然，那興奮感也非常可能標誌著驕傲。自信與驕傲兩者之間不容易區分，界線很含混。

不必害怕含混的感覺或處境，含混的地方正是需要冷靜、慎思明辨的地方，而創新的前沿都是含混之地。

回到自信與驕傲的區別。有時候，脫離脈絡、背景與關係，就事情本身來看事情，反而看不清楚。就自信的感覺本身看自信，就驕傲的感覺本身看驕傲，不容易看出兩者之間的差異。把驕傲與自信擺回到各自的關係網絡中，反而比較容易看出彼此間的差異，同時也就可以更看清它們的本性。

自信經常關聯著包容他人、接納差異、前進、開放與合作，而驕傲常常關聯著攻擊、貶低、封閉與獨裁。

脈絡對了，問題可能就不再是問題

學習是尋找失落的脈絡、移動脈絡、偷換脈絡、創新脈絡的遊戲，因為脈絡是背景，背景決定主題，掌握了脈絡才能掌握主題。一旦改變了脈絡，整個視野也瞬間煥然全新，問題可能就不再是問題，僵局也可能冰消瓦解。

經典韓劇《來自星星的你》中，女主角千頌伊說：「下雪了，怎麼能沒有炸雞和啤酒。」

從「天下雪」推論到「一定要吃炸雞配啤酒」，在一般的情形下，這明顯是個跳躍的推論，但一定有個特定的脈絡（或隱藏的前提）使得這個推論順理成章。找到那個特殊脈絡，就找到千頌伊的個性，或者千頌伊那群人的特殊文化。

所以，如果要呈現自己是個有個性的人，可以偶爾說些跳躍推論或偏離主題（out of context）的話，但也不要過了頭，讓脈絡永遠失落，人家會認為你瘋了，例如說：「櫻花盛開了，怎麼能沒有蚵仔麵線。」同時，隱藏的脈絡最好是能見人、可見光的脈絡，不然一旦被發現，多難堪啊。

有一次，政大X書院陳文玲老師說了一個有關移動脈絡的事：

> 我們常處在一些自己不喜歡卻必須存在的環境中，例如應學校或公司或工作或良心的要求，參加一些極無趣的會議或工作坊。我們的心真希望自己不在現場，而在另一個有趣的地方。但既然我們也認為應該做這些無趣的事，那麼就讓自己學會一種偷換脈絡的方法：把在那些有趣脈絡中會產生的愉快心情，轉換進

這無趣卻必須做的脈絡之中，以愉快的心情做這原本無趣卻應做的事。

在人生路上，無趣卻應做的事可多著呢，這個脈絡偷換的技術會經常派得上用場。

學習是尋找失落的脈絡、移動脈絡、偷換脈絡、創新脈絡的遊戲，新脈絡帶來新視野，新視野看到新出路。

在MIT求學就如同用消防栓喝水

曾任美國麻省理工學院（MIT）校長的魏思納（Jerome Wiesner）說過：「在MIT求學就如同用消防栓喝水。」依據我的理解，他想說的是：在MIT求學，一個人能學多少、願意學多少，就可以學到多少；停止的那條線就劃在能力的極限之處，劃在意志的極限之處。MIT的學習資源就是那麼豐富。

簡單的說，能喝多少水，愛喝多少水，盡量喝，MIT水多著呢。問題永遠不在不夠，而是太多，因此另一個重點是：如何喝，才不會嗆到。

不久前，最多不超過三十年前，全球絕大多數地方的學習資源是極其有限的，有學習意願的人經常沒有學習機會或資源，天賦再好也無可奈何。如今，絕大部分的大學都能提供學習消防栓，頂多是尺寸不一。事實上，不差的大學就算提供不了消防栓，至少也有出水豐富的水龍頭，而且拜網際網路之賜，我們也能喝得到其他大學消防栓出的好水，甚至不必上大學就能輕易獲得豐富的學習資源。資源不再是主要問題，意願與動機才是。

人的能力是彈性的，意志也是彈性的，就算不是彈性的，我們也不知道他們真正的界線在哪裡。那麼，什麼時候學習要停下來？我的建議是：學到很累很累的時候。

很累很累是多累？像我那樣，躺上床十秒之內就睡著的那種累。更重要的是，睡著的時候要是快樂的，至少沒有不快樂。

但若一個人上了大學卻常常感到不快樂，那就回家吧。大學絕不會是人生的全部。

文藝復興時期的三傑之一達文西曾說：「學習從來不會掏空你的心。」我想達文西說得沒錯，會讓我們覺得疲憊的學習，不是真正的學習。之所以學不下去，是因為我們的心受到其他的事影響而疲憊了。正面的、有價值的東西不會掏空我們的心，負面的、反價值的人事物才會。

學習有時是一種轉化，有時是一種覺醒，兩種都沒有掏空的問題。一旦學習的過程失去樂趣，就要有所警覺了。

有問題感才是學習上最好的事

當我們產生問題感的時候，想要解決問題的動機會讓智性腎上腺素激增，眼睛發出學習之光。因此，我希望年輕學子在大一時就能理解「學問是為己之學」的道理，規劃出一條屬於自己的學習路徑。

前幾年，我曾聽聞陽明交通大學電機學院進行「導師課程實體化」的課程改革工程，令人驚豔。

台灣各大學的導師制度基本上是破產的、無效的。大學導師制度的基本做法是：每學期發給導師些許活動費，補助大學教授進行輔導工作。絕大多數老師採取的輔導形式是請吃飯，但一夥人吃飯只能是歡樂時光或空氣凍結時間，兩者都不適合「輔導」。而請學生吃飯基本上是過時的輔導習慣，以前經濟不好、物資匱乏，食物具有相當吸引力，老師在家裡下幾盤水餃，同學們聞風便會聚集過來。現在，同學們會先問：在哪裡？吃什麼？有誰去？我的導師到底是誰？沒人真正在乎吃那麼一餐，無論是在水餃店還是高檔餐廳。

除了學術方面的建議與協助，大學教授並不具有心理輔導、生活輔導、品德輔導及人生智慧指引方面的專長，大學教授與學生、普通人一樣，也還是掙扎的在優化自己的心理素質、生活素質與品德素質，也還是摸黑的尋找智慧之光，想抓到一些進退應對的道理。或許大學教授與大學生一樣需要被輔導，只是很少人想到他們，很少人想到要照顧大學教授。

話說回來，陽明交大電機學院想要改革他們的導師制度，核心是大一導師課。電機學院將全院的大一學生每二十人分成一班，全院老師都有義務擔任班導師，而資深老師（包括前校長張俊彥教授）特別願意承擔導師的義務。

電機學院新的導師課做法是「方案學習」（project learning）。每班必須找到一個方案，然後協力在一年之內將它完成，從界定問題、詮釋問題、尋求解決途徑、尋找資源、擬定實施方案到動手落實，一年之內必須完成。老師在旁扮演諮詢、教練與資源協助的角色。不同小組界定出不同主題，以非常不同的方式進行問題解決工作。

其中有一個小組決定蓋一座跨越五公尺水溝的橋。為了蓋好橋，在這一年內，小組成員陸續遇到困難：有人覺得自己力學沒學好，有人發現微積分很重要，有人覺得問題在人際溝通，有人發現自己喜歡領導卻不知如何領導，有人體悟到財務管理很重要，沒錢什麼事也辦不了。這些大一學生當然會撞上各種問題牆，心智上肯定滿頭包，但遇到問題、產生問題感是學習上的好事，可以說這是最好的事。同學們開始請教班導師，要學什麼、讀什麼、修哪些課、修哪些老師開的課，才能解決問題，開始有動力自學，自己規劃學習路徑，把學習當成自己的事。

當大一學生開始了解「學問是為己之學」的道理，這樣的學生怎麼可能沒有學習動力，怎麼可能不了解學術是什麼。這些大一生不僅為自己鋪設了一條學習路徑，應該也會把這些視野、態度與方法帶到大二、大三、大四及畢業之後，將大二、大三、大四及畢業之後的大環境教育品質給一路頂上去。

吃掉自己大腦的海鞘

這是一個真實的生物現象，不是隱喻。說無腦，就是真的沒有腦。正因為這是個真實存在的現象，它產生的警醒力道似乎更強大。

大海裡有種叫做海鞘（sea squirt）的生物，牠的人生可以分成兩階段。在第一個階段中，海鞘為了尋覓食物、躲避敵人，需要游來游去，不停移動，找尋安全且食物豐盛的位置。這是極為費心費腦的階段，雖然有些海鞘純粹因為命運不好，餓死了或被吃掉了，但沒有大腦而能僥倖活下來的，大海裡找不到。

直到有一天，海鞘找到一片海流平緩、浮游生物（牠的食物）豐盛且天敵很少的地方，選了一塊礁石，附著其上。海鞘將身體的一端固定在礁石上，另一端則隨著海流漂動，從此不再移動，不離開這個好位置。找到永遠的家後，海鞘就是張開大嘴，讓海流把浮游生物送入牠的嘴巴。

然後，一個驚人但完全合乎生物理性的「此世演化」發生了。

過去，為了辛苦覓食、躲避敵人，海鞘需要大腦，雖然大腦的運作極為耗費能量，但為了存活，這也無可奈何。找到好位置後，只需要張開嘴，便可以吃飽喝足，大腦沒必要了。不需要大腦了，於是海鞘的身體便開始把自己的大腦「消化掉」，大腦營養滋補，更重要的是沒了大腦可減少耗能。大腦是最耗能的器官。

已經是類海鞘的我，真希望年輕的你們也能像海鞘那樣無憂無慮，住好吃好，但我還是希望你們能保有大腦。所以，除了經濟與生活上的安全外，也另外找一些有意義的事，一些讓自己願意「終生動腦筋」的事，以保有大腦。

哲學是永恆的追求，能讓人動一輩子腦筋，不會變成吃掉自己大腦的海鞘，雖然不是每個人都一定要主修哲學。

最好的老師

教與學是一體兩面的，而教學是最好的學習途徑。上課時，不妨常問自己，為什麼老師這樣上課？可以有什麼不同的教法嗎？有更好的課程規劃或教學設計嗎？光是認真的想這些問題，就可以讓我們的學習深化。

好的老師能引你擦亮心中的寶石

台大哲學系退休教授林正弘老師，過去曾來政大哲學研究所兼課，我在念碩士班時曾修了幾門林老師的課。

課堂上，我隨意問了一個不清不楚的問題，林老師說：「你的問題可能有幾個意思，它可能是意思A，意思B，意思C等等，如果是意思A，那麼它有哪些有趣的發展，如果是意思B，那麼它有哪些神奇的後果，如果是意思C，那麼它提供了哪些聰明的解決方案……。」通常林老師會繼續往下分析並推論幾層。等林老師說完，我會覺得，原來我那個不清不楚、看起來不怎麼樣的問題，竟然那麼有深度。

林老師所呈現的是一種教學方法，更是一種學習方法，同時也是一種待人待己與看待事情的態度，一種與人為善、開發潛能、找出可能性的態度。能以理性感動學生，並且讓學生產生智性信心，這讓我覺得他是一位特別好的老師。

一個沒用老師的重要問題

二〇二三年六月十六日，我參加方萬全老師的再次榮退慶祝會，上次退休是中研院歐美所六十五歲的退休，這次是東吳哲學系七十五歲的退休，看似最後一次，但認識方老師的朋友都知道，方老師在學術上是永遠不會退休的。

有方老師這樣的老師一方面是很沒用的，他絕對不會循私，在講關係、說面子的某些時代和地方，他真的很沒用，但在學術與做人方面，他對許多人有極關鍵且重要的幫助。

那天方老師說，有我這個當大學校長的學生，他很驕傲。他說「大學校長」，而不是「學術成就」，一定是他還在練習說幽默的話。其實，與老師亦師亦友，聊天談學問都沒有預設，輕鬆自在得很。

方老師學術很好，人更有趣，而這兩點相互支持，分不開。

有一次方老師得獎，當時的總統李登輝接見得獎人，方老師覺得需要穿西裝去才不失禮，但家中只有一套幾十年前結婚時穿的西裝，已經太小了，去見總統就要買新西裝，而方老師不願意為了這等事買新西裝，所以就決定不去了。後來，這種帶骨氣的事、這種看起來對李總統反骨的事，傳到中國大陸，還讓方老師糊里糊塗的聲名大噪。

我當研究生時曾去中研院歐美所找方老師討論論文，告辭前，看見方老師將客座前的小茶几這裡碰一碰，那邊挪一挪，調整調整位置。原來，方老師的小茶几是以地上磁磚的縫隙線為規矩，對準擺設的。客人不安分的膝蓋即使將小茶几碰離一公分，都會被方老師調正回去。我喜歡故意碰歪茶几，不為作弄他，只為看他不俗的（怪異的）認真動作。

方老師喜歡爬山，台灣百岳等級的爬山，我猜他享受登山過程的孤寂與寧靜，更愛看峰頂山稜線後的風景。爬山前他總是認真準備，為了強化體力爬一座難爬的山，一個六十有餘的老先生，不斷的以一分鐘四十五下的速度做仰臥起坐。千金難買老來瘦，方老師現在走路還像少女一樣輕盈。

二十幾年前，我剛回國的某一天，方老師與我在中研院走著，忽然老師問我：人死後如果還以某種方式存在，感覺還不錯，林從一你覺得如何？

這是一個生死的問題，這是一個老師問的問題，我心頭一驚，卻不加思索的說：「我不知道死後人有沒有繼續存在，但我覺得那並不重要。《易經》裡有一段話說：『道，天且弗違，況鬼神乎，況人乎』，如果死後我們繼續存在，頂多面對了一個相當不同的世界，但是縱然如此，在那個或神或鬼或天堂或地獄的世界中，我們應該遵循的道理與生前的道理是一樣的。不需恐懼、無需憂慮。」

現在想想，對於方老師的問題，我當時很可能答非所問，而且我現在的回答應該會不同以往，更重要的是，我會更慎重的回答關於生死的問題。對於生死，我現在沒有比以前更好的答案，但現在的我比以前更知道它的意義與重量。

是老師也像父親的玫瑰神父

我大學就讀天主教輔仁大學社會工作系，當時的系主任是羅四維神父

（Daniel Ross, S.J），大一時有很長一段時間我以為神父姓Rose，隨著美麗的誤會，就叫「玫瑰」吧！對我而言，羅神父是玫瑰神父。

大一必修課中，社會學概論是重中之重，用的是英文教材，授課教師正是玫瑰神父。玫瑰神父最大的教學本事就是不斷的問，從第一天上課就不斷問問題，點名式的問。當時，被玫瑰神父點到名是要站起來回答的。一被點到，「真的好倒楣」還只來得及想到「真的好……」，就急急如律令般的以撞椅帶（穿）桌的方式站起來，被問道：「What is socialization?What is an institution?What is a social norm?」霎時，一雙瞳孔層次分明的天空藍大眼睛瞪著你，一張披著銀髮的白白大臉幾乎就要貼在我們這些慘白小黃臉上。我想，那些從中南部北漂而來的同學，當時一定很想回家。

玫瑰神父問問題，先問基本概念的定義、內涵，越基礎的概念越抽象越難定義，玫瑰神父這是要逼我們想，並且要我們以自己的話說出來。他訓練我們自己想問題、回答問題。神父總是洋腔洋調的說：「你已經不是小孩子了，應該自己處理。出去。」

隨著年紀增長，越來越發現，年輕的我們不僅把羅神父當老師，不知不覺中也把他當成父親。他也以自己知道的最好方式當我們的老師與父親。

隨著年紀增長，越來越像小孩，越來越想成為小孩。年輕時的期望與遺憾變得越來越真實。想找玫瑰神父，已經不怕他的罵。

幾年前，回去看玫瑰神父，和他談談以前的事。現在神父比較不那麼洋腔洋調了，他說：「現在的孩子不找我問問題了，我現在希望他們像小孩那樣來找我問問題。」

把大哲學家當成學習夥伴

哲學的天地很大，而在哲學的天地裡，每個人都是自己的主人。

哲學是個低門檻的學問，其中最重要的門檻便是能否勇敢的、誠實的自省與思考，而這正是「學問是為己之學」的重要內涵。

在每一次筆記中，都勉強自己用筆寫出自己的話；在每一次報告中，都努力提出看法，無論是小意見或是大理論。

一旦反省與思考成為習慣，基本上就跨過哲學門檻了。那些出自於自己的問題，通常就是哲學問題。例如：

我是誰？

什麼是善惡？

我可以知道什麼？

什麼是生命與死亡？
上帝存在嗎？
死亡之後還有來生嗎？
為什麼要有政府與法律？
真理是什麼？
道是什麼？
思想的原則是什麼？

這些問題同時也是偉大哲學家關心的問題，而當我們透過自己的反省與思考，問出這些問題的時候，就是成為哲學家的時候。也只有在這時候，我們才能真正與孔子、蘇格拉底、康德、維根斯坦等哲學家一起討論哲學。

重點不在我們提出了與過往哲學家一樣的問題，重要的是，這些問題是我們經過反思之後產生的。我們的自我深度思考不僅產生了哲學問題，也讓這些哲學問題產生了「帶著我們特有味道」的觀點。

哲學問題反映出人類的共有處境、人間的共有境遇、人性的共同條件，因此只要是人，深刻反思後都會提出大體相同的問題。哲學問題是你與其他哲學家交會的平台，而我們對這個交會平台所能做出的特有貢獻，就是在反省與思考這些問題時，同時醞釀出來的那些特有觀點與獨家角度。

沒有經過反省的思考，哲學問題就是殭屍問題，沒有生命。根據相同的道理，讀經典時，要想像彷彿哲人就在身邊。讀《論語》的時候，我常想孔子到底關心什麼問題，然後和孔子一起想那些問題，彷彿他就在身旁與我討論。主要不在詮釋孔子如何說、如何想，而是和他一起想問題、討論問題。因此，有時我不同意他，有時我受他指正，有時我們一起走得更遠些。讀柏拉圖也是如此。

在讀哲學家的原創性作品時，我都如此期許自我，把大哲學家當成學習的夥伴，而不是思想的權威者。

從女兒的學習經驗看自學力

「自學力」這個概念既模糊又歧義，而我是這麼定義它的：越是知道如何自我教育、自我學習，自學力越強。明顯的，「教育」與「學習」的內涵決定了這個自學力定義的內涵，而我是根據三個殊途同歸的古老概念來理解教育與學習：古希臘的「教育」字義、中文的「學習」字義，以及《易經》的「蒙卦」。

古希臘的教育意義

英文的「教育」（education）字首字根 e 來自於古希臘字 ex，意味「出來」，而字尾字根 duco 意味「我引導之」，因此教育的古希臘字義便是「將內在的東西引發出來」。由此可知，教育是將原本已經在靈魂中的東西引發出來，不是賦予學生本身缺乏的東西。

學習的原始意義

中文的「學習」這兩個字也很有意思，「學」本意有「覺」的意思，學到了就是了然於心、心有所得，變成我們的認知結構、價值結構與行動結構的一部分，影響著我們看自己、看他人與看世界的方式，影響我們的生命與生活。

「學習」的另外一個字「習」，也同樣有深意，指的是鳥類頻頻拍動翅膀試飛。《說文解字》提到：「習，數飛也。」南宋戴侗在《六書故》卷十九〈動物〉篇中說：「習，鳥肄飛也。……引之則凡數數扇闔者，皆謂之習。」

「習」的原始意義有很強的動畫感，就是小鳥頻頻拍動翅膀，意圖凌空、飛翔。翅膀一直拍，一開一合，一上一下，一收一展，一緊一鬆，展翼拓展了空間，為收翼增加了速度，於是有了節奏，慢慢的身體有了自己的意識，逐漸的忘了數數，一直拍，身體感覺到空氣與大氣，也在大氣與空氣中感覺到身體，特別是一呼一吸的胸膛。然後忘了自己在「習」。

一直拍、一直拍，有一天忽然就飛起來。小鳥這才真正知道，什麼是飛翔，而飛翔是牠的本性，不斷練習是為了實現與發現本性。

回到「學習」，為什麼學習兩字放在一起？大部分的「學」（也就是大部分的覺悟）需要不斷練習，不斷身體力行，而身體力行既是內化也是喚起原屬本性，正是所謂「習深覺起」。從另一個方向來說也能通：學到了，自然會在行為中持續發生；學到了就是覺悟了，覺悟了就是做自己，做自己本應輕鬆自然，無需假裝，自然內外一致。

可以說，學習是為了實現與發現我們的本性。

啟蒙的作用

《易經》中最有教育意涵的卦是蒙卦（山水蒙、山下湧泉）：「亨。匪我求童蒙，童蒙求我。初筮告，再三瀆，瀆則不告。利貞。」卦詞可以理解為：不是我求學生，是學生求我。遇到沒有學習動機的學生，他不想學，你卻硬要教，只會自取其辱。不是我求學生，是學生求我。學習要有誠意，學生要能受教。已經講過的你不信，還持續來問，我再回應你，豈不自取其辱。

當然對現代的老師來說，那樣的好日子早已結束了。在現代的教育脈絡下，從這個卦辭萃取出來的精華應是：引發學習動機是教育的關鍵。教育的開端就好像搬開壓在「自湧泉」上的石頭。這樣做之後，凡事就亨、利、貞了。

可見，教育是引發內在的主動力，學習是為了實現與發現本性，學習涉及實踐、韌性與堅持。我的教育哲學與女兒的學習經驗，都正好符應這樣的教育與學習理念。

學習的非重點

二〇〇五年，我來到美國加州柏克萊大學做一年的短期研究，當時小學二年級的女兒跟著在附近的康乃爾小學上學。一開始，她幾乎完全不懂英文，不能說、不能聽、不能寫、不能讀，班上其他同學情形差不多。這是在一個非常好的學區，學區裡頭有三所小學，那一年所有來自國外剛到這個學區、沒有英文基礎的小學生全部集中到這個班級來，班上除了一名正式老師，還有一名助理老師。

真不知道當時完全不會英語的女兒是如何度過前幾個星期的。只見她每天快快樂樂上學，課表中每天都排有很長的閱讀時間，為了小班化，給予更量身訂做的輔導，一班二十多人分成兩組，一組提早到校上閱讀課，另一組延後放學上閱讀課。閱讀課之外，每天帶回老師依照女兒的進步程度幫她選的課外讀物，回家要和爸爸媽媽一起讀。

兩個月之後，開始有寫作的功課。老師強烈要求家長不要幫學生改作業，無論是讀書心得或郊遊報告，都不能幫孩子改拼字或文法錯誤。老師說，文法與文字不是重點，能觀察、有自己的意見和勇於表達才是重點。

就這樣，四個月過後，女兒忽然就會英文了，轉到普通班級和美國二年級學生一起上課。

回國後，美國同學和鄰家玩伴都漸漸失去聯繫，愛看書和喜歡英文卻一直沒變。小學五年級看英文版《哈利波特》，書裡還是有許多字看不懂，但女兒說，沒關係的，那不是重點。（最近才聽老婆說，女兒小學畢業那陣子常常跑去翻信箱，她一直在等霍格華茲的入學通知，當時她簡直構作了一個哈利波特世界觀）

她很體諒爸爸的破英語發音，會說，沒關係的，那不是重點。

當孩子們的老師

女兒高二升高三的那年暑假，透過網路進行遠距課業輔導，輔導屏東太平洋那邊旭海村小四、小五學生的數學。

當時總覺得女兒還是個孩子，可是她明明就是個老師：耐著性子吸引學生、引起注意、給些規範、找出例題、出出作業、輕聲責罵、慷慨鼓勵。看著這個孩子老師，我覺得很有趣。

我問她，旭海的小朋友有沒有進步，她高聲說有，只是每個學生資質不同，進步的地方和程度也都不同。我再問她，那你自己學到什麼？女兒說，主要是耐心，以及將「學生的心留在學習上」的方法。其中，設身處地為學生想、關心和鼓勵，是最有效的方式，每個人都需要被關心和鼓勵。

女兒的兩個大一任務

女兒出國讀大學，在工學院主修電腦科學。大一時有兩個挑戰度高的任務：一是大一選修的邏輯課，另一個是去各公司的招聘會（job fair）應徵實習工作。

一個學期有十四週，邏輯課共有九章，最後三章上的內容分別是：不可計算性（uncomputability）、不可判定性（undecidability）、不完備性（incompleteness）。滿難的，這些是台灣研究所課程才要證明的後設定理，不知道女兒他們怎麼上才上得完。但我知道，如果上得完，學得會，邏輯就上身，一輩子甩不掉。

女兒的老師或許認為，教書不是讓學生更自由，就是要烙印學生，不深不行，非熱不可。最好，兩種都是。

有效的課，幾門就足夠了。沒效的課，再多也沒用。

女兒的第二個任務是去各公司來校的招聘會應徵實習工作。一進入大學，導師就要求新生要開始準備自己的履歷，而透過實際應徵工作，最能知道如何形成一份好的履歷。女兒才進入第二學期，除了在線上丟出幾十份履歷外，也印出紙本幾十份，抱去招聘會上各公司的攤子遞件。

為了面試，女兒這個大一工程女，以自己想像的方式把自己打扮得正式一些，踩著短跟高跟鞋，抱著幾十份履歷，一來到招聘會現場，看見滿場爆滿，特別是 Microsoft、Meta、Google、Amazon 等那些大名字公司的攤位前，擠著從大一到研究所的各國學生。女兒深深吸了一口氣，就踏入會場。

大一的履歷當然是單薄的，各攤位公司派來的人也知道不能過度期待大一生，但還是非常有耐心的與女兒談，主要談自家公司期待的能力是什麼，以前應徵成功的案例修過什麼樣的課、做過什麼樣的專題、工作態度如何……。

大一的女兒被所有的攤位拒絕，學到很多，但挫折也大，很切身。這些都指引她學習的方向，增加她學習的動力。還好，像這樣校園招聘會每年有好幾場，可以接收很多訊息讓她調整自己的學習，而她也比較不怕 Microsoft、Meta、Google、Amazon 那些大名字公司了，她要做的是讓自己的履歷好看一些。

被所有攤位拒絕的女兒，大一升大二的暑假，爭取到獎學金去當交換學生，大二升大三的暑假，女兒被上面一間公司錄取為實習生，而女兒說那個實習機會真是扎實的學習經驗。實習結束後，女兒拿到 return offer，準備下個暑假再回公司實習，在這之前先去瑞典皇家理工大學交換一個學期，又是另一種深度學習。

我的孩子的學習經驗常常讓我反省，什麼是一個好的教育模式？

你要放棄了嗎？

女兒在西雅圖實習，公司是美國科技業三大公司之一，她的專長是軟體程式設計。這次實習，她是工作小組中唯一的實習生。

幾乎是作業環境一建置好，小組便把工作要解決的問題交給她，短時間內，她必須定義問題、界定處理的範圍、構思問題解決策略。剛開始，幾乎不知如何入手，與指導員（mentor）、經理（manager）的破冰就是問問題，然後就是不斷想、不停寫。

大約兩週後，她提出兩個策略草案，並向全組報告。同事們覺得很有意思，熱烈辯論哪一個草案比較優、比較可行，討論著哪裡該如何調整。這時，女兒變得比較有信心，接著就是要把這個後端的大系統做出來，公司最看重的是「能夠實際做出東西來」。

能想出有趣、有希望的策略是一回事，如何落實又是另一回事，女兒於是必須不斷問指導員，問到不清楚自己的問題是不是很笨，問到不知道是不是該先努力查資料才問，問到懷疑自己的愚笨程度是不是比自以為的還嚴重，問到懷疑人生、懷疑自己適不適合走這行。此外，還必須不斷學習新的工具，邊學邊做，邊做邊學。

幾次沒趕上進度，壓力更大了。有次，女兒與媽媽視訊：「我是不是很笨？我真的要做這個嗎？我寫不出來，我不管，我要出去走走。不管怎樣，以後我不要……。」

媽媽安慰她、鼓勵她：「你做什麼決定，我們都支持你。」然後說：「你要放棄了嗎？」

一聽到「你要放棄了嗎？」女兒忽然大哭，說不出話。

後來，女兒決定不想未來會如何，不想別人會如何看待她，她就專注在眼前、手邊的事。

實習結束前三週，她終於完成並測試了那複雜的後端系統，然後再花了一星期完成一個極為簡明好用的前端。一見到整個系統完成，公司便安排女兒做展示報告（demo）。

第一次報告，除了她的指導員和經理，經理的主管，以及經理的主管的主管都跑來聽。

大家很驚訝，公司幾年解決不了的問題終於有人解決了。當天下午，再向整個團隊報告她的系統，大家很熱烈的討論這個系統調整之後可以用在哪些領域。

第二天一早，一進辦公室，咖啡還在手上，女兒就被突襲，叫去向這家科技巨擘負責軟體研發的最高主管報告，他也與她熱烈討論。

最後一個星期，女兒的指導員又給她一個需要跨組討論的精進任務，還對著大家說，你們該給她的工具就快給她，她還有一個星期就結束實習了。

後來，女兒發現公司的同仁都可以看見大家程式寫了幾行。別組實習生寫程式的行數常常是一千多行，而女兒總共寫了兩萬多行。這兩萬多行的故事，當時還盛傳在群組裡。

我笑女兒說，聽說相同的功能，能用越少行數程式達成的越厲害。她自信的笑說，是的，但她寫的系統是全新的，沒得比。我的女兒真是一個永不放棄的人。

五分鐘二十萬美元和一個新善意

生命經驗是我們重要的學習月台，要常常把學習火車停靠在生命月台上。王若嫻老師的感恩家書是一個我常與人分享的生命月台故事。

二〇一〇年我從政大借調到台北醫學大學協助成立人文暨社會科學院，到北醫大不久就參加了全校共識營，營中大家客氣請我上台說話，一方面固然因為我是一個陌生學院的院長，但更可能是出自於對哲學的好奇。猜想大家想聽聽人文的人怎麼說「人文」，既然在學校，我便說了一個教育中的人文故事，一個真實的故事。

台灣最遠的大學是環球技術學院（當時尚未升格為環球科技大學），因為它離台中、嘉義兩個高鐵站都很遠（當時兩站之間沒有其他高鐵站），離機場與高速公路也都很遠。環球技術學院有位教通識課的王若嫻老師，王老師是一位認真的國文老師，我要談的是她的「應用文」課程。

少有課程比教應用文無聊，公文、信件、履歷、海報等主題都屬於應用文，王老師很認真，樣樣都要教，而且教得很細節。結果，每上課十五分鐘，學生睡掉三分之一。王老師很自責，於是更認真準備，更用力教，結果學生睡得越快，每上課十分鐘，學生睡掉三分之一。

學生說，「老師，我們知道你很認真，可是就是很想睡。」

後來王老師參加教育部的計畫，了解到教學既然以學生為本位，主題就不需樣樣涵蓋，應依學生的特性來規劃課程。環球技術學院的學生相當高的比例來自單親家庭、失親家庭、低收入戶、隔代教養等，許多環球的學生在學業上很早就被放棄，導致高度沒有自信。於是，王老師把課程主題大量刪裁，剩下兩個活動及最後三個星期的閱讀。其中一個活動是寫感恩家書，書信是應用文，所以符合課程主旨。

學生已經很久沒提筆寫字了，王老師必須先誘導大家提筆，再教書信格式，然後請同學們寫感恩家書，給任何他們想感恩的家人。學生寫完後，王老師一封封的把信紙摺好加上活動說明放進信封，一張張郵票貼好，一抹抹上膠封信，寄到學生家。

感恩家書活動也包含了家人端的回信。隔天，王老師電話接不完，電話那頭傳來都是靜默、啜泣、話語不清的感謝之意，「我的孩子已經很多年不跟我講話了，這是他第一次跟我說心裡話……」、「我的孩子想見和我離婚很久的媽媽，我會帶他去，我不知道他……」、「我的孩子跟我說對不起，我還以為他恨我……」

王老師的課程喚醒了學生寶貴的生命經驗，也創造了新的生命經驗，並且和課程主題相符。

最後三個星期讀的是《孝經》，包括最終篇〈喪親篇〉，幾乎沒接觸文言文的學生，居然可以和《孝經》對話。王老師的課程喚醒了學生寶貴的生命經驗，也創造了新的生命經驗，讓學生可以與經典生命相知相交。

我們在學業上可能早已被放棄，但生命從未背離我們。

說完五分鐘故事，台下一片靜默。北醫大的董事長李祖德先生快步走過來握我的手，說他個人要捐二十萬美元給人社院當創院基金。他還說：「我想創立一個新文化，這二十萬美元捐了之後，我就不會對它後續的用途指指點點，人社院覺得怎麼使用合適，就怎麼用。」

一個感人的故事能帶來一個動人的善舉，外加一個無價的新善意。

意義軸與效益軸

我家兒子高二時決心出國讀書，而且是「立即」出國。當然，我和他媽媽是反對的。無論孩子提出什麼樣的理由，年紀這麼小的心肝寶貝離家遠行，媽媽總是會反對的，她會反對到孩子出國那天，登機那刻。而無論如何，我都是「應然上」持反對意見，「實然上」最終都會順著孩子的那種父親，只要給我一點好理由當成安慰，我就可以了。

但是，我那孩子一開始總是提不出好理由。他蒐集了許多資料，做了分析研究，進行論證，製成表格，一直企圖說服我，出國的投資報酬率有多高，「畢業三年就回本」等等。心想我是社工系出身、哲學教授、推動全人教育……，至少好歹是個父親，你的老爸，單單用「畢業三年就回本」這種投資報酬率的說法，如何能讓我當成自我安慰的好理由。儘管他蒐集的證據齊全、分析精細、論證不弱、表格清晰明瞭，但我不置可否。所以，他知道我不滿意。

直到有一天，他畫出了一個座標，稱X軸為「意義軸」，Y軸為「效益軸」，然後對我分析出國留學後，如果選什麼領域會落在X、Y軸的什麼位置上，然後比較相同領域，如果留在國內，會落在什麼位置上。結論當然是，在他有興趣的領域上，無論X軸或Y軸，留學遠比在國內的落點更好，錢賺得更多，對社會做出更多貢獻。

他一下子就說服我。不為了他精緻的分析，而是為了他真實的看到人生價值的多樣性。當然，這樣的價值座標還少了許多軸線，例如親情的軸線，然而無論軸線畫得再全，理性的分析還是說服不了媽媽。

其實，聰明的孩子很快就發現，媽媽是不用說服的，只要讓她安心就好。

後來，這個孩子除了大三升大四暑假曾在Facebook（後改名為Meta）矽谷總部實習，也一直在美加從事高科技應用的程式設計，薪資福利上沒得挑剔。但更重要的是，他的工作在意義軸線上的位置還頗高，深具社會價值。

談起說到做到，我的孩子比我強。

7 — 閱讀 打開通往世界之窗

好好讀一本書，好像過了一種人生；讀一千本好書，好像過了一千種精采人生；從未讀書的人，就只過一次人生。

閱讀習慣是最好的禮物

讓我先從自身的家庭閱讀故事談起。

閱讀習慣是父母送給孩子最好的心靈禮物。在孩子還不識字的時候，我或太太每天會唸至少一本書給他們聽，不知是專心還是記性好，孩子聽一遍就記得。他們不喜歡重複，所以需要很多的書。於是，他們的媽媽每個星期會拉著一台結構簡單、尺寸不小的鐵絲菜籃車，穿過大學校園，來到校門口不遠處的市立圖書館，先歸還一菜籃車童書，再借出一菜籃車童書。最後拉著菜籃車，穿過大學校園回家。

後來，每當朋友問我們如何培養孩子，我們都會說：再沒有比「菜籃書車」這件事影響孩子更大的了。

人的生命很精采，希望孩子可以多過幾次人生，而讀書最容易模擬人生。朋友很重要，但是不可靠，無法常陪伴，音樂與書籍是比較可靠的朋友，因此希望孩子養成彈奏樂器或閱讀的習慣，在人生長路上，寂寞時還有可靠的朋友相伴。

好書就像好朋友，越多越好；好書就像老朋友，越陳越香。越禁得起歲歲年年風風雨雨而不離棄的，越是好朋友，至於禁不起歲月考驗的朋友，一開始就不必交。越禁得起一讀再讀的書，越是好書；禁不起一讀再讀的，一次都不必讀。事實上，書比朋友好，書不會喊累，不會抱怨，很有耐心，永遠不會離開你，只要你打開書，書就會愛你、陪你想像、與你談心，讓你有安全感。

只要讀到好書，一方面，我們會發現自己不是孤獨的；二方面，可以更認識自己，讀到自己的故事，包括已經忘卻、正在經歷、尚未知道和翹首企盼的故事；三方面，書中訴說的道理與刻劃的美景，對照現實世界顯露出的破碎、無理、無意義或冷漠的一面，會讓我們覺得，除非每一個人都好好讀過這本書，否則世界不會完全彌合、符合邏輯、獲得意義或充滿愛。

最重要的是找到好書，讀書方法似乎是其次的，因為只要找到好書，打開好書，好書就會吸引人，陪伴我們經歷一場驚奇之旅。

除了好書之外，或許只需要一點讀書的耐心。我十九歲接觸哲學，一接觸就是非常艱深的哲學原典。如何讀？形式上是讀完每一本書的每一頁的每一行的每一句的每一個字，在它旁邊畫上一個小小的圈，略大於標點符號的句點，但是幾乎一樣完美的圈。如果康德的《純粹理性批判》有千百萬字，就有千百萬個完美小圈圈；如果柏拉圖《對話錄》只有一個字，就剛剛好有一個完美小圈圈陪著它。每重讀一遍，完美小圈圈上就重疊一個。

這完美小圈圈的哲學小徑不知重複走過多少回，後來我讀書因此變得非常有耐心，而其實讀書有耐心是為了和書本進行深度對話，要深度對話就不能不深刻的了解自己，而要深刻了解自己，更需要耐心的思考習慣。

最後，我會給學生兩個閱讀建議：

第一、讀書，讀很多書，讀很多好書。

第二、每次讀都像是第一次讀；讀得懂的，要先假裝讀不懂，多想想，不要輕易「滑」過去；讀不懂的，要先假裝讀得懂，多一點自由聯想沒關係，我們的心不知不覺會形成一個初步詮釋，再讀就容易多了。

如此循環，會進一步引入「心與書的循環」、「讀者與書的循環」，如此一來，越讀就可以越深入。

透過詮釋練習來閱讀人生

知名華裔導演李安曾改編加拿大作家馬泰爾（Yann Martel）的原著，於二〇一二年推出電影《少年Pi的奇幻漂流》，劇情描述一名印度男孩「Pi」在太平洋上與孟加拉虎同船而撐過兩百多天的歷程。

透過觀看一部電影、閱讀一本書籍或文章、欣賞藝術品或者人物，而擁有自己的詮釋。無論善惡，詮釋不只是照著說，不只是換個方式說，也不只是批判，而是以我們的生命經驗豐富經典，也以經典豐富我們的生命經驗，相互揭露各自還沒有發現的自我祕密。詮釋雖然有助發現真相，但更重要的是它有助於建構出你的意義世界。接下來我們試著為《少年Pi的奇幻漂流》的經典台詞做出詮釋：

Pi說：「我猜，人生到頭來就是不斷的放下，但遺憾的是，我們卻來不及好好道別。」淡定溫和的成年Pi講到此處，也忍不住淚溼眼眶。

✓沒有好好道別的，怎是徹底放它走？

✓人生沒讓我們好好道別的，我們總要帶著走。

✓我們的心再怎麼水位高滿、波瀾不興，也總是有讓我們熱淚盈眶的事，而那就是人們常說的人生意義。

Pi說：「他是個很壞的人，但更壞的是，他激起了我內心的邪惡，我必須承認這一點。」

✓一個人可以比你能想像的壞還來得壞，也可以比你能想像的好還來得好。

✓利用別人的善意來做壞事，那已經不是壞人而已，而應稱為邪惡的人。

✓更認識自己是件好事，就算是壞人、壞事，只要它能讓我更認識自己，那壞人壞事就顯出一點正面意義。就算我新認識的自我是邪惡的，這也是好事。

Pi說：「當你接受磨難絕望時，神一直在看著你，給你一個休息的機會，給

你一點提示，讓你繼續走下去。」

✓你沒有那麼偉大，不會所有人都折磨你，不會有個人隨時隨地折磨你，也不會隨時隨地都有人折磨你。

✓你沒有那麼渺小，你至少值得自己的關心。

✓再強的人，再倔的人，都需要人疼、需要人愛。

✓有些人有走路強迫症：一直走、一直走、一直走……，不休息。原來休息需要練習。

Pi說：「我失去了家人，我失去了一切，我臣服，你還想要什麼？」

✓撥落法：拿掉X所有可以被拿掉的，所剩下來的就是X的本質。X可以是你自己。

✓完全臣服是件不可能的事，你至少要留著自我，才能臣服於我。所以，我要你做件更難的事：除了赤裸自我外，其他你所擁有的，都臣服於我。

Pi說：「沒有理察・帕克我早就死了，對他的恐懼讓我保持清醒，照顧他的需求讓我得到意義。」

✓有些敵人讓你上天堂，有些朋友讓你下地獄。
✓有時我覺得自己不再恐懼任何事，想到這裡，我就覺得異常恐懼。
✓「施」事實上是一種「受」，但為什麼施比受更有福？福不是一種受嗎？

Pi說：「我只是想跟牠打聲招呼。」
父親說：「你把老虎當朋友？牠可不是你的玩伴！」
Pi說：「動物也有靈魂，我從牠眼中看到了。」
父親說：「野獸就是野獸，你看牠的眼睛，只能看到自己的倒影。」

✓真神奇，Pi和父親都是對的。
✓當我成為父親時，我才發現，我和我父親都是對的。
✓到底什麼是靈魂？天啊，我不知道什麼是靈魂，會不會它在什麼時候就遺失了。

Pi說：「我突然意識到，我和理察·帕克一樣，我們同樣缺乏現實體驗，我們都在同一個動物園被同一個主人養大，現在都成了孤兒，遵從主的意志生存下去。」

✓同一個動物園裡長大？對也不對。家在同一個動物園裡，一起成長過，但是還沒長大就離開家了，各自漂泊離散。

✓人世間所有的相遇，都是久別重逢。

✓「現在都成了孤兒，遵從主的意志生存下去」，這句話對也不對。從此生此世來看，我們一定是或最終是孤單的，但另一方面，如果Pi是對的，應該從來都不是孤兒，未來也不會是孤兒。

Pi說：「不要被這些光影和故事迷惑，社會很複雜。」

✓大人們總是對自己的孩子這麼說。他們自己親身體驗，是演員也是導演。

✓一定要有光影、一定要有故事，偶爾被迷惑，偶爾清醒。

✓江湖不複雜，是人心複雜。（不知道我心單純，世界會不會就變得單純些？）

Pi說：「信仰就像一座房屋，可以有很多樓層、很多房間。」

作家：「那有懷疑的空間嗎？」

Pi說：「懷疑在每一層都占了幾間。」

✓注意，懷疑是信仰的一部分，而且是相當重要的一部分。

✓信仰有層級，但是層級與層級之間有樓梯，不知有沒有直達電梯？

✓有不同層級，但信仰也可以從「一整座房屋」看待之。有時候整體的看，有時候局部的看。

Pi的母親說：「科學讓我們認識外在的事物，卻沒有觀照自己的內心。」

✓「科學」這個詞真倒楣。好事用它，壞事也用它，很像「命運」這個詞。

✓沒有科學時，人們也追求名利，不常觀照自己的內心。

✓什麼是觀照自己的內心？內心好像是一個我們隨身攜帶的黑暗盒子，既熟悉又陌生，而既然是黑暗，不知會蹦出什麼可怕怪物來。

8

真理之追求

總是要能懷疑：事實上所相信的，是應該要相信的嗎？事實上所追求的，是應該要追求的嗎？

探究與真理

犯錯的前提之一是我們相信了什麼。也就是說，要先相信，才會信錯了。「探究」以「相信」（或不相信）為目標，但探究畢竟不同於相信，探究成功能讓我們接近真理，探究失敗不會導致錯誤，因為探究時我們還沒相信。

古希臘哲學家蘇格拉底說：「我無法教任何人任何東西，我只能讓人們思考。」短短兩句話就刻劃出哲學（或至少哲學教育）的核心特徵：哲學的重點不在於知識的傳遞，不在於讓人們認識什麼、知道更多東西，而是引發人們思考。

思考是一個過程，不要預設這個過程最終會落腳在什麼地方，不要預設思想會導向什麼知識，甚至不要預設思想會導向知識。

思考是探究，探究不預設相信；相信預設真理，探究不預設真理。或許我們可以說，哲學探究瞄準真理，但所謂瞄準真理只是一個模糊的企盼，哲學不預設真理的樣子。

哲學標誌著智性的真誠與謙虛，以某種知識或真理的想像引導的思想，不是哲學所引導的思想。無論你稱那為最終真理、唯一道路、無上境界，無論它們再怎麼抽象，只要先存斷論，那便不是哲學，而是一種有預設的信仰、獨斷的信仰，而獨斷的信仰不是真信仰。

不是要否定最終真理、唯一道路、無上境界，哲學的目的不在於贊成什麼或否定什麼。

哲學與「最終真理、唯一道路、無上境界」的關係是什麼？

哲學探究不預設任何最終真理、唯一道路、無上境界，但若真的存在著最終真理、唯一道路、無上境界，哲學的探究最終會遇到它，而哲學以一種最尊重的方式與最終真理、唯一道路、無上境界相遇。

我認為，哲學是一種真正的信仰。在還沒有探究之前，對「最終真理、唯一道路、無上境界」的想像都是一種人為的框套，這種框套不只是智性上的敗德，在信仰上甚至是一種褻瀆。

誠如哲學家強斯頓（M. Johnston）在《死而不亡》（*Surviving Death*）一書所說的：「拒絕理性的檢討宗教教條，反而顯示出『反信仰』。在信仰套加上任何經驗的假說或（特定）哲學的立場，都是信仰之外的舉動。例如，把相信『靈魂是非物質的』、『靈魂不死』、『天堂與地獄都存在』等主張當成信仰的前提，不允許或迴避智性的檢討，都屬於反信仰的舉動。信仰不應被這些經驗性的或（特定）哲學性的說法框限。」

哲學人的失敗與成功

人類有生物學意義下的人，有文化人類學意義下的人，「哲學人」則是一種理想人類，並不是所有生物學、文化人類學意義下的人都是哲學人，但任何人都可以成為哲學人，甚至外星人也可以是哲學人。

數千年來，有不少哲人致力理解真、善、美、聖，也留下了不少關於真、善、美、聖的論述，我們常將這些論述視為思想的指標。

數千年來，有不少致力追求真、善、美、聖的人，也留下了不少追求真、善、美、聖時的足跡，我們常將這些足跡當成行為的典範。

要成功的以過往賢人的思想言行為典範，並不容易。但假設我們真的做到了，所思所言所行都與典範一致，我仍必須說，嚴格而言，這時我們其實還不是一個哲學人。

一個真正的哲學人總是會問：這些思想言行，縱然是先聖先賢、偉大思想家、宗教家、藝術家……曾經說過的、曾經做過的，但是我應該信、說、做它們嗎？這些過往追求真、善、美、聖時所留下的足跡，真的是真、善、美、聖本身嗎？當我們能誠實、有意義的問這些問題時，才是一個哲學人。

於是，身為哲學人，我們總是認為「實然／應然」（is/ought）之間存在一個鴻溝，理想（價值、意義）不能被等同或化約為事實。不管我們事實上相信的是什麼，追求的是什麼，總是要能懷疑：

> 事實上所相信的，是應該要相信的嗎？
> 事實上所追求的，是應該要追求的嗎？

對於過往哲人思想言行典範如此，對於自己的思想言行也抱持相同看法，這才是一個哲學人。

於是，所有哲學的追求都將以失敗收場，注定沒有確定的成果，真善美聖總是逃離我們。但根據相同理由，「哲學追求」本身卻永遠不會失敗，它一存在，就是成功。

注定失敗的失敗不是真正的失敗，有成功可能性的失敗才是真正的失敗。真正的失敗不是追求不到真善美聖，而是「停止追求」，一停止哲學追求，失敗就降臨。

哲學人就是永遠追求真理的人。其實所有學術人都應該是哲學人，所有思想自由的人都應該是哲學人。

成為哲學人是一件非常應該做但卻不容易的事。我們也看見，許多號稱自由思想的人，並不敢真正的挑戰政治權威或宗教教條，他們常害怕喪失現實的利益，或遭受超自然力量的懲罰，就算心裡懷疑政治權威的合理性，就算懷疑有超自然力量。

哲學十誡

「哲學十誡」是美國哲學家波伊曼（Louis P. Pojman）教授在他的著作《哲學：智慧的追尋》（*Philosophy: The Pursuit of Wisdom*）一書中所說的，響耳入心。我在政治大學哲學系教書的第一年，便將它翻譯出來分享給修習哲學概論的同學。

雖然名為「哲學十誡」，事實上它也可當成學習十誡、生活十誡、乃至於生命十誡。也許年輕的你無意主修哲學、以哲學為專業，不論在大學裡主修什麼，規劃未來以什麼為生，都能將這十誡擺入自己的智慧工具箱裡，並且以哲學為人生的指引，活出自己的人生格調。

一、讓好奇的精神充滿胸懷。生命有何意義？哲學正是源起於對宇宙、對於我們是誰、對於我們從何而來，以及我們往哪裡去等諸多問題深深的好奇。

二、對任何事物，在有證據讓自己信服它是真理之前，要保持懷疑。對那些宣稱自己掌握真理的人，要抱持合理的謹慎與適度的懷疑，懷疑能使我們的靈魂積鬱通暢。不要害怕智性的探索，就如德國思想家哥德（Johann Goethe）所說：「大眾害怕理智，但那是愚蠢的，只要當他們了解害怕理智有多麼的危險。」

三、熱愛真理。正如哲學家瓊斯（W.T. Jones）所說的：「哲學是對真理的永恆追尋，雖然那是個注定失敗的追尋，但它也是一個永不被擊敗的追尋；哲學會不斷的逃離我們，也會永遠的指引我們。這心靈之自由的、智性的生活，是西方世界最高貴的遺產，也是我們的未來希望。」

四、分割與征服。將每一個問題與理論分割到最小，以便能小心的分析它每個部分。這是分析的方法，也是征服的方法。

五、蒐集與建構。從那些最小部分建立一個融貫的論證或理論。我們應該在簡單而穩固的基礎上，築起複雜而全面的東西。就如哲學大師羅素（Bertrand Russell）所說的，哲學論證的目標，是從明顯到沒有人會懷疑其真實性的簡單命題，透過有效的論證方法，達到每一個人都禁不住會懷疑的荒誕結論。重要的是，去建構一個融貫的、立基穩固的、推理縝密的、禁得起反駁的理論。

六、猜測與反駁。全面探索可能會反駁自己立場的意見，譬如說，尋找自己立場之中隱而不見的錯誤，檢視一些與個人立場不符的實例。就如哲學家波普爾（Karl Popper）建議的：哲學是一個猜測與反駁的系統。尋找大膽的假說，以及與自己喜歡的立場相異的例子，用這個方法，便會間接的、逐漸的逼近真理。

七、修改與重建。要願意去修改、拒斥與調整自己的信念以及相信它們的程度。承認自己可能有許多錯誤的信念，並對那些指正我們的人心懷感激。這是所謂的可誤性原則：我們的許多信念很可能是不正確的，而且面臨別人的反對意見時，常有自我欺騙的傾向。

八、尋求簡單性。當所有其他條件都相同時，我們應該選擇較簡單而非複雜的解釋。這是所謂的儉約原則，有時也稱為「奧坎剃刀」（Occam's Razor）。

九、依照真理而生活。就如客觀真理是思想與世界之間的符應，主觀真理是生活與思想之間的符應。應使生活依照客觀真理而發展。

十、依照善而生活。讓那些從對道德生活的哲學反省中所獲得的成果，激勵且指導我們的行動。讓道德真理轉化我們的生命，使自己就像一顆在無知黑暗中閃亮內在之光的寶石。

每次在課堂上，同學們聽到這哲學十誡，眼睛都閃著內在之光，對於哲學之路多些盼望。

哲學大師羅素的十誡

曾經獲得諾貝爾文學獎的哲學大師羅素，很可能是因為諾貝爾沒有哲學獎，只好頒文學獎給他。如果諾貝爾有懷疑精神獎，羅素將是最有資格獲獎的人，沒有人比羅素對「悖論」具有更敏銳的鼻子了。

羅素的哲學十誡充分反映了他的哲學主張與風格，深具懷疑、求真、務實與反諷的特性，幾乎不見顯題的道德、價值與精神性的主張，這與波伊曼的版本相當不同，我特別加掛於後並列比較。

儘管我的哲學個性較為嚴肅，不親近羅素的風格，但在「後真理」（post-truth）時代，羅素重視真理與懷疑精神的哲學十誡，正可用來防堵思想上的疫病。

一、對任何事都要抱持適度的懷疑精神。

二、以掩蓋證據來誤導人們是不會有什麼好處的，因為真相終究會大白。

三、永遠不要輕易讓人們免去思考工作，因為那會太容易成功而無可挽回。

四、面對意見不同的人時，再怎麼親近，都要努力以說理而非權威來說服他，因為權威帶來的勝利並不真實，容易幻滅。

五、不要遵從他人的權威，因為我們總是可以找到持相反立場的權威。

六、不要使用暴力來壓制我們認為有毒有害的意見，因為如果這麼做，那些原本認為有毒有害的意見反而會壓制過我們。

七、不要害怕自己的意見異於常人，因為現在大眾堅信不移的想法也都曾是異端。

八、相較於「消極被動的同意」，我們更應試圖在「智性的求異」中找到樂趣。倘若好好的看重智慧，後者比前者蘊含更多我們彼此之間深刻的共同性。

九、要嚴格服從真理，即使真理會造成困擾與不便。因為隱藏真理將造成更大、更多的困擾與不便。

十、不要羨慕住在愚者天堂的那些人的幸福與快樂，因為只有笨蛋會認為那些是真的幸福與快樂。

讀哲學可以讓人變得比較好嗎

有學生問我，「哲學能讓人離苦得樂嗎？」

我說，離小苦得小樂很容易，看看我的臉書大頭貼也就可以了，不少哲學自然也可以輕易做到。短暫的獲得大樂、離開大苦，不是那麼困難，止痛劑的英文稱為pain killer也不是沒有道理，有些止痛劑堪稱東廠錦衣衛等級。

但長期徹底的離苦得樂何其難，我想一般意義下的哲學做不到。哲學的離苦得樂功能與下棋、運動所帶來的效果類似，據說，宗教或藝術比較能讓人長期徹底的離苦得樂。

身為哲學人，更應當思考討論的問題是：讀哲學可以讓人變得比較好嗎？我認為可以。但現在我想談的是個更聚焦的問題：讀倫理學（或道德哲學）可以讓人變得比較好嗎？對於這個問題，有哲學家反對，有哲學家贊成。以下是反對者的兩段話：

康德說：「重點不在於總是在思辨罷了，而是我們最終也要想想如何運用知識。但在這個時代，如果有某個人想完全依照自己教導別人的方式，來指引自己的言行舉止，那麼他會被人認為是個愛做夢的人。」

叔本華說：「你無法教出德行，就如同你教不出天才……期待倫理學裡的道德理論能喚起人們的德性、高貴與理性，與期待我們的美學可以培育出詩人、雕刻家與音樂家，兩者一樣愚蠢。」

深層的說，康德談的是知性與實踐兩者之間存在的鴻溝，而一旦我們以為知性與實踐兩者是分開的，它倆就再也無法合在一起。

泰勒（Richard Taylor）的這段話，肯定了道德哲學可以讓人變得更好的論點：「什麼是善？當然是最重要的問題，因為它最終與這件事情相關：我們每一個人都只有一個人生好活，而我們的人生常常浪費在追求華而不實的目標，浪費在那些一旦掌握在手上就即刻變成一文不值的目標上。但另一方面，人生也可以選擇過得深思熟慮，使得我們所追求的以及所獲得的是真正值得努力追求的。關於第二個人生選項，或許我們也可以這麼說：讓我們在離世之日，那再也無從追悔任何事的一日，無需追悔。」

泰勒的意思是，思索「何為善？」並努力追求善，可以讓我們在離世之日，那再也無從追悔任何事的時候，無需追悔。

哲學不能讓人離苦得樂，但哲學讓人理解人生，很多事情得以釋懷，至少，哲學讓人無需追悔。

真理姑娘的故事

事情發生在十八世紀的歐洲，現在想起來，都怪當時天氣太好。

那一天，真理姑娘與謊言姑娘在路上相遇，謊言姑娘對真理姑娘說：「今天天氣真是太好了！」真理姑娘抬頭仰望天空，然後讚嘆不已，天氣真的非常好。那天她們就結伴四處走走玩玩。

後來，兩人來到了一口大水井旁邊，謊言姑娘對真理姑娘說：「這井水很好，我們一起泡個水洗個澡吧。」真理姑娘一開始還不太相信，謹慎的試試水質，發現還真是不錯。於是，兩人就脫衣入井，開始洗澡。

忽然，謊言姑娘出水離井，穿上真理姑娘的衣服，逃得無影無蹤。

氣壞了的真理姑娘跨出水井，到處尋找謊言姑娘，希望找回自己的衣服。世人看見四處遊走、赤裸裸的真理姑娘，紛紛把目光從真理姑娘身上轉開，覺得憤怒並鄙視真理姑娘。可憐的真理姑娘走回水井，帶著羞恥，永遠沉入井底。

從那時開始，謊言姑娘穿著真理姑娘的衣服，在世間到處旅行，滿足人們的需求，因為世人一點都不希望看到赤裸的真理姑娘。

真理姑娘的故事頗令人傷感，但也讓人深思。

首先，人們不相信自己認定為虛假的東西，只相信他們認為真實的。虛假的東西必須穿上「真實外衣」，才有可能讓人相信。不過，人們常常很懶，只看表面，不願意認真探求真理，因此只要有「真理外衣」就可騙倒一票人。更重要的是，接受真理是有門檻的。常常，人心太脆弱，無法面對赤裸裸的真相；人心太醜陋，無法面對赤裸裸的真理。面對真理、接受真理，需要具備相當的心靈純度與心理強度。

其次，不說謊不代表善於尋找真理。縱然一個人擁有許多真理，也不說謊，但不代表此人擅長尋找真理。有些人或許以為，既然自己已經擁有真理，又何必培養尋找真理的能力？但我們並不擁有所有真理，對許多事仍是無知的，特別是人心，事實上，我們連自己的缺點都知道得不多，也不深刻。

真理與真理彼此之間是一致的，真理與世界之間是一致的，真理是思想與世界兩者之間的一致，真理是信念與行動兩者之間的一致，因此真相能讓人獲得自由。但若不知情太久，深掘真相不一定會讓人自由，說不定會被真相撕裂。

面對真理，該雄辯還是靜默

華人文化一般不鼓勵雄辯，也不鼓勵相互辯論。原因除了質樸、謙恭、謙謙君子這些具有偏好性的美學理由外，很可能還包括「小孩子有耳無嘴」、「死老百姓話那麼多幹麼」這類內含威權的心態。

但我認為，不鼓勵辯論背後最主要的理由是「言語道斷」這個看法：真理或道理總是與語言捉迷藏，真理必須透過一種非語言的方式才有機會掌握。不過，戰國時代的思想家荀子有不同看法，只可惜他的想法不是歷史主流，現在應該加以復興。

荀子在〈非相〉篇中指出：「君子必辯。凡人莫不好言其所善，而君子為甚焉……言而非仁之中也，則其言不若其默也，其辯不若其吶也。言而仁之中也，則好言者上矣，不好言者下也。」

在這個評論中，荀子將辯說與否分成高下不同的四種：「言而仁之中」的好言、「言而仁之中」的不好言、「非仁之中」的默訥、「非仁之中」的言。如果我們可以將「仁之中」詮釋為遵循道或理，那麼荀子所建議的是，當遵循道或理時，辯說比緘默為佳；當不是遵循道或理時，緘默比辯說為佳。這裡當然賦予道或理優位性，但更重要的是，它賦予辯說至少在道或理的展現與認識面向上的優位性。

荀子似乎認為，透過論辯比透過其他的事物，包括行為，更能展現認識道與理。這進一步支持我們的詮釋，對荀子而言，道與理是一個須由辯說來展現的理性空間。荀子或許因此說：「凡人莫不好言其所善，而君子為甚。故贈人以言，重於金石珠玉。」

荀子應該會很欣賞猶太文化。猶太人之所以在科學、藝術與商業領域都有極為出色的表現，據說最重要的原因之一是「猶太人連在家裡飯桌上都熱烈辯論」。猶太文化鼓勵孩子進行論辯，鼓勵孩子隨時提出自己的看法、公開挑戰他人的看法，就算對象是他們的宗教經典、拉比或是父母。這種容忍錯誤，鼓勵將心裡的想法攤在陽光下的文化，讓猶太人善於批評別人與接受批評，同時也學會如何思考，成功與傑出因此水到渠成。

純理派與幸福派

哲學家們在討論道德時，經常分成兩派。

一是純理派。面對一件事，應就其本身論是非，不應從其後果論是非對錯。也就是說，一個人的行為是對是錯，就看行為本身，而不是看行為帶出了什麼樣的後果。無論所作所為帶來的是世界毀滅、永生不滅、上天堂或下地獄，都與所做所為的是非對錯無關。

另一個是幸福派。行為本身沒有對錯可言，是對是錯，全看它帶來了多少幸福與快樂。

一如道德哲學家，大部分的人也同時具有這兩種道德信念。如同純理派，我們有時會說「對就是對、錯就是錯，無論如何就是要做。想太多，私心就來。」或者同意孟子的氣魄，良心、理性告訴我們這是件好事，因此「雖千萬人，吾往矣。」

但有時候我們也如同幸福派，對於某個行為會帶來什麼樣的後果，仔細推敲，審慎計算，無論算的是私利或公益，而對於那些魯莽行事，不僅不顧公益，連長遠私利也任意不顧的人，進行道德批判。

我認為，純理派的基本想法是對的：「行為的是非對錯，端看行為本身，而非其後果。」這個原則在道德判斷中是無上、無待的，也就是說，它是最基本的、無條件的。

但我也認為，幸福派是對的，行為的對錯不能獨立於「幸福後果斟酌與算計」來評斷。這個原則在道德判斷中也同樣是無上、無待的，也就是說它是最基本的、無條件的。

說到這裡，我們指出了一個道德理論兩難或甚至是道德困境：純理派的道德原則是最基本的、無條件的，幸福派的道德原則也是最基本的、無條件的；然而，在不少道德情境中，依這兩派所做出的選擇是明顯相互牴觸、彼此衝突的。

我想，如果我們把「價值」只限定在「道德價值」，那麼純理派與幸福派的兩難將是無解的。要解決這道德兩難，必須超越道德的層次，找到更重要的層面，具更高價值的境界，更大的脈絡。

啟蒙時代的德國哲學家康德說永生，有人說上帝，有人說道，有人說生命，有人說天與命，有人說涅槃，或許談的都是更重要的層面、具更高價值的境界、更大的脈絡這個方向的事。

哲學家的重要工作之一，就是找出隱藏在我們信念中彼此衝突的，並且把它們清楚的表達出來。這個工作中最令人興奮的案例是：相互衝突的兩個基本信念，各自看起來是沒有問題的，擺在一起卻有矛盾之處。如果有幸，哲學家也夠努力的話，找到重新理解、詮釋概念的方式，消解那「各自看起來沒問題，合起來卻彼此矛盾的信念」的衝突，這時哲學家就做出了「概念突破」的貢獻，改變我們的概念網絡、認知框架或世界觀。

輯四

練

智慧

智慧的取鏡
暗黑也有邏輯
過關的智慧
道別是成全

9

智慧的取鏡

智慧讓人感知到細微的變化與律動，然後知道如何讓自己、社會、環境與自然和諧共處。智慧是超越看似不能解的困局或兩難的能力。

智慧的隱喻框架

隱喻框架代表某種意象或形式，可以讓人藉由熟悉的事物來理解不熟悉的事物，對任何資訊傳播都非常有幫助，但有時也會限制了自己的意識與格局。

人們慣用的隱喻框架並不相同，有人喜歡用「戰爭」隱喻框架，於是整備、鬥爭、戰勝敵人、結盟等語彙，架構了他們的人生。有人喜歡「故事」隱喻框架，因此主題、角色、情節、脈絡、鋪陳等心像，讓他們想像人生。小心所選擇（或習慣）的隱喻框架，因為它具有很強的暗示效果，可以使我們的人生依它而行。誇張一點說，一個人所選的語言就是他的人生。

正是因為選擇了隱喻框架，就等於選擇了人生，人們經常利用隱喻框架偷偷改變大眾的思路，以獲得他想要的利益。

舉例來說，高度競爭的時代，一旦「戰爭」成為大學主要思想框架：整隊、競爭、作戰、擴張、搶資源、驚人效率、戰勝敵人、立即效果、「高築牆、廣積糧、緩稱王」、「戰略上鄙視敵人、戰術上尊敬敵人」等概念，便日漸滲入校園，引導行動。戰爭不僅勞民傷財，更容易蒙蔽理性、扭曲人性。例如，大學可能為求生存發展，編整教授軍團獵取資源，應當三年做成的事，草草用三個月做；應當自發做的事，被強迫做。好的創意被形式主義敗壞了，人們互挖牆腳，連人性也工具化了。不喜歡視大學為自由思想、知識與價值泉源的人，甚至要大學自我弱化的人，就會讓大學習慣以「戰爭」框架看待自己、對待別人、思考世界。

該如何消解「人們常常利用隱喻框架偷偷改變大眾的思路」這個疑慮？

人們之所以可以這樣做，是因為隱喻的確是我們主要的思想框架，不同的隱喻框架引導出不同的思想模式。但既然別人可以利用隱喻框架，我們也可以。一旦我們了解不同隱喻框架的特性，就可以免於被操控，同時透過觀察慣用的框架，來了解自己的思路，從而慎選隱喻框架，以改變自己的思路，而改變思路或許就改變了自己與命運。

當一個人習慣反思自己的思考模式，思想的抵抗力就會增強。

跟著老漁夫學智慧

現代科學知識和古代實踐智慧，兩者間最核心的差異是什麼？

思想（科學、理論、知識）無邊界，此刻我們可以想十億年前與十億年後的事，可以想十億光年之外的事，可以斟酌與事實相反的可能性，可以探索自己不可能親身經驗到的事物，如量子與暗黑物質。思想無邊界，自由是思想的本質，或者說，自由是思想最重要、最明顯的特質，沒有自由的思想是假思想。

智慧則是對身邊處境的意識，對具體處境的直接感知，同時也是一種行動力（實踐的智識）。智慧是知道如何正正當當、順順利利的過日子，知道如何渡過生命中的一關又一關。智慧不是拿著藍圖、手冊、生活地圖去解決問題或闖關過日子，不是藍圖式的智能，而是知道如何把自己變成系統的一部分，同時也把系統變成自己的一部分，並且以「自己是系統的一部分／系統是自己的一部分」的方式來感知，有點像蜘蛛可以透過蜘蛛網感知到風、雨、獵物細微的顫動。智慧是感知到細微的變化與律動，然後知道如何讓自己、社會、環境與自然和諧共處。

經常被拿來說明智慧的例子是老漁夫。老漁夫在大海裡搖著小舟，身體擺動、浪起浪落、船的左右擺動上下搖盪、海鷗的飛高飛低、臉頰上的風……全都納入他的意識裡，沒有思考，彷彿他的身體就可以「思考」，彷彿漁船就是他身體的一部分，彷彿眼睛長在水下的船舵上，他掌舵的手部肌肉或腳掌一塊骨頭就可以預知下一刻的浪從哪裡打來。

智慧是一種生活世界中的自然而然，如同水流，沒有勉強。

老漁夫的智慧來自於他多年的現場經驗，他也曾經是新手漁夫，經歷許多失敗與成功，切身的代價才讓他的每一寸肌肉都能感知，知道如何從這一刻順利過渡到下一刻。

並不是理論掌握得越多，越容易長智慧。思想無邊界，自由是思想本質，思想誠可貴，但思想畢竟與智慧不同，物理學家也需要出海幾年才能變成老漁夫。

對於現代社會來說，實踐智慧是越來越重要了。一如美國作家、波士頓大學教授艾西莫夫（Isaac Asimov）曾說的：「今日生命最悲哀的是，科學蒐集的知識快過社會蒐集的智慧。」理論性的知識越來越完備，對於宇宙、量子世界、人類身體、各區域文化與價值，我們知道得越來越多，同時科技發展也越來越複雜，但社會累積智慧、實踐智識與「過日子、過人生的能力」的速度卻相對緩慢。

思想讓我們知道得越來越多，科技讓我們做到得越來越多，但也讓環境越來越複雜，我們需要處理、調適與適應的環境越來越複雜，一旦智慧趕不上，意味著我們越來越不知道如何在這樣的環境下生活。知道得越來越多，能做到得也越來越多，卻越來越不會生活，掙脫不了困境、過不了關。

要常下海生活，長智慧

我認為，智慧是思想的基礎，自然是人類心靈的最佳模型。自然中沒有矛盾與不一致，感官感覺的內容也一如自然，融貫而不衝突。呈現在感覺中的世界常比呈現在思想中的世界，來得和諧融貫，讓思想以身體的各種感覺為模型，也能更為鮮明真實。

這是因為自然就是事實上那一個樣子，矛盾與不一致是無法存在的。矛盾與不一致存在於語言端及思想端，但不能存在於事實端。感官感覺直接呈顯自然世界，感官感覺的內容因此也一如自然，那樣鮮明真實、融貫不衝突（錯覺是特例）。人類思想最珍貴的地方是自由，但這也是它的原罪，因為思想奔放的自由，讓思想常常脫軌，犯下錯誤。

如果讓思想以身體的各種感覺為模型，便能逐步將自然當成思想的模型，既然自然本身沒有矛盾與不融貫，以自然為模型，我們的思想與心靈也就越來越正確、一致而融貫。

另外，語言與行動也應與自然有著深刻的互動，就如老漁夫的智慧一樣。

一個好的學習者，誠心傾聽大家的聲音，接納但不採用任何一個，只為了有自己的聲音。但是慢慢的，內在的聲音不再是自己所說的話，而是身體與環境的合弦共鳴，而我們僅僅是一個聆聽者。

智慧是突破困境的能力

哲學上有個常見的提問是：「我是誰？」如果不經思考，我們會反射的說：「我當然知道我是誰。許多事我很陌生，很多人我不認識，但對於我自己，我再熟悉不過了。」但再仔細想想，「我是誰？」這個問題其實難以回答。

看似熟悉、簡單，卻讓人摸不著頭緒，無從切入。這「感覺上熟悉，思想上陌生」的弔詭，是所有重要人類議題與哲學議題共有的特性，當它發生在自我身上，更讓人感到驚奇。

驚奇是件好事，是哲學的開始。一如哲人柏拉圖在其《對話錄》〈泰阿泰德〉（Theaetetus）篇中所說的：「驚奇，這尤其是哲學家的一種情緒。除此之外，哲學沒有別的開端。」驚奇是哲學的源頭，也是智慧的契機。

五種虛假（浮面）思想深度法

第一種方式是低沉音調法。放慢說話速度，通常可以從模糊變得清晰，讓自己說的話更有深度感、超越感、神秘感與智慧感。當然，無論你話說得多慢，音調多低沉，傻話仍舊只是傻話，只是慢速低沉的傻話而已。

第二種是優勢語言法，也就是使用聽者崇拜的語言，以增加深度感。不同脈絡所崇拜的語言不同，在台灣，使用、並用或摻雜英文、德文、法文、日文等「文化上國語言」，就比單單使用中文聽起來更有深度、更有說服力，雖然明明只要使用中文也能充分表達相同的意思，甚至更加準確清晰。

我猜，在不同脈絡中，東南亞語系、南島語系、非洲國家語言也會被利用在優勢語言法上，只是以反差的方式進行。

第三種方式是奇異語言法。有時雖然可以選擇淺白的話說同樣的事，但若選用文言文、數學符號、拉丁文、希臘文、梵文、專業艱深術語等奇異語言來說，聽起來就很有深度。

這自然是不可信的。人有深度，我相信；話的內容有深度，我相信；但若說某些語言比其他語言有深度，我才不信。笨話不管用什麼語言說，還是笨話；傻話不管用什麼語言說，還是傻話；蠢話不管用什麼語言說，還是蠢話。

第四種是暗黑深度法，也就是透過模糊的語詞來增加深度感，取信於人。有些詞句純粹因為模糊而讓人覺得它帶著深奧，例如「否定以十三種方式否定其自身」。

這也是相當膚淺的說法。沒有什麼字詞本身是有深度的，就算有，也是字詞有深度，不是用它的人有深度。而且，模糊的詞只是模糊，煙霧模糊了視線，煙霧增加不了深度。真正有深度的人通常是用淺白的話來表達；真正的深度會伴隨著理解的清晰，一點都不模糊。

最後一種說法是裝扮深度法，也就是透過特殊裝扮來增加深度感。常見的有穿古裝、博士服、袍子、道服、戴貝雷帽、厚厚眼鏡……，而最有效的是留長鬍子，最好是留長長的白鬍子。一旦有長長白鬍子，說話就自動會讓人感覺很深奧。有時，有些人就是故意不穿正規服裝或不修邊幅，讓人心生「此人與眾不同，定有驚世駭俗內涵」的猜想。

思想深度 vs. 思想廣度

當我們說一個人思想有廣度，是說他知道得很廣泛，具有很多知識，特別是擁有很多訊息，但對這樣見聞廣博的人，我們並不一定會說他思想有深度。事實上，就算他像一台超級電腦，擁有至今所有的知識，也只是知道得很多很多，但思想不見得有深度。相反的，有時一個人見聞不廣，甚至記憶力不好，我們也有可能說他思想有深度。

所以，深度是一個超越當前既有知識廣度的概念。當我們說某人思想有深度或某人有深度，是指他能理解與解釋的不僅是眼前的事物，甚至不侷限在「曾經出現過的所有事物」。

對一個有深度的人來說，其思考能力不侷限於反應或回應眼前的問題，他能理解並說明前所未見的事物，也可以預見未來，視域廣度比「過去與現在」還要更廣。

深刻思考之所以能理解比過去與眼前現象更廣的事物，是因為掌握了超越眼前事物的道理。

不過，在物理與幾何上，深度與廣度只是不同向量罷了，就算加入過去、現在、未來等時間概念，也只是在深度、廣度之外，再加上一個時間向度罷了。如果沒有進一步的刻劃，深度、廣度與時間三個向量不過是多寡的概念，似乎並沒有比單單使用「廣度」多了什麼。

從領導者特質看思想深度

我們也可以換個角度說，脫離物理與幾何的類比。一般人願意接受有深度的人的領導，不僅是因為有深度的人想得多、看得遠，更是因為他們看得到未來，甚至能發人所未發，走出新路來。

具有領導特質的人有哪些特徵？從他們的用語就可以清楚看出來。一般人常問的是：有什麼？是什麼？什麼狀況？（what）也想知道如何解決問題（how），而具有領導特質的人則習慣問：為什麼？（why）進而引出現象與行動背後的理論、目的、價值與理想，而這些都是超越現在、觸及未來。

這也就是為什麼如果一個人有能讓人共鳴的理論、目的、價值與理想，縱然資訊與方法不完美，人們也會給予寬容，甚至急著和你一起找到更好的資訊與方法。因為，心引導大腦，信念指引行動，當他們相信了你所相信的，大家會將尋找未來出路當成自己的責任。

問問題還可以問得再深入一些。畢卡索曾說：「別人看見的是現實，然後問為何如此，我看見的是可能性，然後說為什麼不那麼做。」一般人常問的是有什麼？是什麼？什麼狀況？只有一些人有習慣接著問為什麼？更少數的人會進一步問還有其他什麼樣的可能性？（What could be）最後，如果還接著說「可以這麼做，那為什麼不這麼做」、「既然可以這麼做，我們就放手做吧」，開始挑戰既有的模式，這種人是極少見的革命家、創新者、先行者。

智慧是「超越看似不能解的困局或兩難的能力」

孔子在《中庸》一書中，舉出三點說明五帝之一的舜有大智慧：

- 喜歡問為什麼，喜歡考察平易淺近之言（好問而好察邇言）
- 隱惡而揚善
- 懸置太過與不及的意見，避免極端，使用中道的方式施政（執其兩端，用其中於民）

我常覺得舜是最能喚起我善良一面的古人之一，但我認為使用「太過」、「不及」、「中道」這些空間隱喻來談智慧，實在不夠精準。

真正的大智慧不是避免極端，不是採取溫和的中間立場，甚至不是排除邪道、掌握正理，更非只是掌握知識。智慧是「超越看似不能解的困局或兩難的能力」。有智慧的人因此常常是兼具看似衝突矛盾的正面特質的人。比如：

嚴肅看重道德，但卻幽默的人；

充滿愛心，但仍勇於批判的人；

謙卑，卻充滿自信的人；

心胸開放，但有中心思想的人；

堅持普遍原則，卻能看見特殊性的人。

博學之人、明白人、聰明人、有智慧的人與神智般的人

人們很容易混淆博學之人、明白人、聰明人、有智慧的人和與神智般的人，這些人之間存在的是思想深度的差異。讓我們透過下列的比較來彰顯思想深度的意義。

博學之人：是掌握很多訊息的人，記憶力好與努力求知的人通常就可以掌握

很多訊息，而這與深度的關係則較淺。

明白人：是能分辨不相干概念的人，例如能清楚區分有權有名者與有德有能者之間的差異。

聰明人：能分辨出類似卻有著重要差異的概念，同時能說明這些概念彼此的異同，例如能清楚區分並解釋「恨」與「冷漠」兩者之間的異同。

有智慧的人：能發現並分辨表面上極度混淆但實質上幾乎相反的概念，並且清楚說明它們彼此之間為何不同，以及為何容易混淆。例如：

不把奉承當感佩；

不把憐憫當同情共感；

不把宣傳當知識；

不把八卦當新聞；

不把勉強順從當和平；

不把驕傲的人當成充滿力量的人；

不把自私當獨立。

神智般的人：這些有智慧的人如果可以將上述「表面上極度混淆但實質上幾乎相反」的反思所得，進一步用來改善自己的價值結構、認知結構與生活結構，那麼這些人的智慧就非常接近神人般的智慧了。

一些增加智慧的方法

據說，古希臘哲學家亞里斯多德曾說：「無論一個想法看起來有多麼真、多麼可信、多麼吸引人，受過教育的心智、有智慧的人都能先好好的審視它，再決定要不要接受它。無論一個想法看起來有多麼荒謬、多麼不可信、多麼讓人厭惡，受過教育的心智、有智慧的人都能先好好審視它，再決定要不要拒斥它。」

亞里斯多德的說法，提示了一種自我教育或自我開發智慧的方法，而操作這種自我教育法，必須先找到一些初步看起來可信或不可信的說法，然後訓練自己：針對初步看起來可信的，先將它推離自己一步之遙，檢視它，不要立即接受它；針對初步看起來不可信的，先不要逃離，勉強自己正視它，檢視它，不要立即拒斥它。

初步看起來很可信、很吸引人的想法，以及初步看起來很不可信、讓人厭惡的想法，都是鍛鍊智慧的難得工具。

最難得的是，初步看起來很可信、很吸引人，卻同時又是初步看起來很不可信、讓人厭惡的想法。遇到這樣的案例，是增長智慧極難得的機會，千萬別錯過。

不要躲避那些想法，要正視它，也不要耽溺其中，要檢視它，與它對話，然後超越它。這時，你也同時超越了自己，而唯有超越自己，才能超越它。

智慧的入口

我相信，界定並說明「表面上極度混淆但實質上幾乎相反」的概念，表徵了大智慧。以下是常見的智慧入口，讓我們試著說明它們在什麼脈絡下是完全合理的，沒有自我矛盾。

有人以靜默發出聲音；有人在不注視後才看見；

有人在寂寞時獲得共鳴；有人在放手後才掌握；

有人在失控後發現出路；有人在轉身後獲得注目；

有人在瀕死後才活過來；有人在無望中產生希望；

有人在恐懼中生出勇氣；有人忘我後才活出自我；

有人在流浪中找到方向；有人在記憶中找到未來；

有人以無知獲得知識；有人在留白處斑斕起來；

有人倒退走才走得最遠；有人在尖叫後找到平靜；
有人在意外中遇到命運；有人在犧牲中獲得解救；
有人放棄快樂後不再憂慮；越是享受他人掌聲，越需要做自己；
世人互相猜疑時，有人卻勇於相信；社會充滿仇恨時，有人卻勇於關懷；
永不會成功的，不會被擊敗；有些事最後到達終點者勝。

努力建構一個高智慧水位的環境

能讓自己聰明固然很好，但更好的是，讓我們的環境也變得聰明。

台語有一個詞叫「結市」，意思是說，不要擔心隔壁攤販一變多，競爭對手增加，生意就會變差；應該想說，攤子一多就能結成市集，吸引更多的顧客到來。

個人聰不聰明當然重要，通常越聰明越好。那些被說成「聰明反被聰明誤」的人，事實上是事情想得不夠全面，因此不夠聰明，不算個聰明人。聰明的人了解自己、他人與事理，在需要踏實時踏實、需要誠實時誠實、需要誠懇時誠懇、需要大方時大方、需要放手時放手。

更重要的是，聰明人知道如何省力，不需要自己想太多時，就不要想太多，盡量讓自己、夥伴及周遭環境成為一個融貫的系統，一起負擔學習的工作、思想的工作，以及其他工作。

我在國外留學時，覺得自己問題想得很深刻，能迅速且全面掌握重點，提出新的想法，在課堂上常常能一人力辯其他所有人。有次我缺席，教授說那天教室簡直往一邊傾斜、打轉。當時，我覺得自己真是聰明啊。

回國後，沒多久，我變笨了。原來，聰明的不是我，聰明的是環境。聰明的環境有高高的智慧水位，將身在其中的人高高浮起。智慧的環境中，經常有人問好問題，讓我們能答出好答案。好問題勾出好答案，好答案帶出好問題。更不用說，有智慧的環境能讓我們的智性腎上腺素飆升，人總是不服輸、愛面子、要讚美，輸人不輸陣。

回國後，智慧水位下降了，原來我不是那麼聰明。所幸，任何地方都有笨人，也有聰明人，總是有足夠的資源讓我們建構起有智慧的環境。有智慧的環境必須靠自己建構起來，每當警覺自己不聰明時，我就努力建構一個高智慧水位的環境，把自己浮起來。

從自身來看自己的聰明，很難改變，而且再怎麼聰明也有限。希望初上大學的年輕人，努力建構一個高智慧水位的環境，把自己高高浮起來。

上哪個大學，甚至哪個科系其實都不太重要，重要的是跟我們一起學習的那群同學與朋友、參加的社團、常逛的網站，以及圖書館常坐的那個位置。

這裡談的雖然是智慧與聰明，但也適用在品德、快樂與運動。

批判性思考

常聽人提到批判性思考很重要，但對於批判性思考的理解出入頗大。

在我看來，批判性思考應該是：除了一些特殊的類型，絕大部分的思想、判斷、方案、立場、理論等都有預設，如果這些預設不成立的話，那些思想、判斷、方案、立場或理論便不會成立，批判性思考主要的任務便是去揭露及檢查思想、判斷、方案、立場或理論的預設，看看它們是否合理與正確。

由於人們常欺人，也常自欺，許多重要的預設被深深的隱藏，因此批判性思考並不容易，但同時也更形重要。

批判性思考所針對的可以是別人的思想、判斷、方案、立場或理論，也可以是我們自己的。當批判性思考運用在自身時，它所具有的反思性就變得相當明確，這個反思性讓我們更有機會調正並形塑自己，這是一種自由，同時也帶出真正的責任。

批判性思考可以很徹底，以禪為例，禪是一種批判性思考活動，它似乎要取消思想、判斷、方案、立場及理論的所有預設，因此它似乎要取消所有思想、判斷、方案、立場及理論。或者說，禪活動之後，所遺留下來的是無預設的東西，自足無待的東西或狀態。我不知道那是什麼，但似乎和套套邏輯（tautology）一樣空無內容，卻又普遍有效。

活在偶然的世界裡，必須能做實事。揭露預設、檢查預設是初步的批判性思考，更進階的是隨後更完善的替代方案。

哲學中批判性思考的方式很多，最重要的是「論證」。讓我們透過論證的一些例子，說明哲學中的批判性思考，特別是揭露預設、檢查預設的部分。

哲學不只是一種意見的表達，更是理性的活動，一種為我們的主張提供理由的活動。換句話說，哲學並不僅僅是將你的主張說出來，而是必須將你為什麼如此主張的理由舉出來，並且證明這些理由足以支持你的主張。為主張提供理由的活動就是論證。對我們來說，更重要的一點是，論證可以讓我們更深入了解深藏在思想中的某些預設。

論證是一種以理由支持主張的活動，用來當成理由的稱為前提，理由所要支持的主張稱為結論，因此一個論證具有以下的形式：

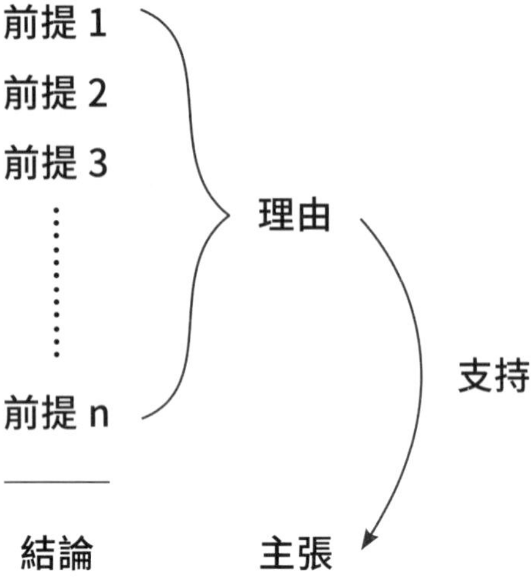

研究什麼樣的規則可以用來決定論證是否有效的學科，稱為邏輯（logic）。

如要深入掌握邏輯規則，必須研讀邏輯，本書無法提供細節。在此僅討論邏輯有助於「揭發隱藏的錯誤」與「揭發隱藏的預設」的相關部分。

邏輯的一個重要目標是找出所有的有效論證形式（valid argument form）。

我們日用而不覺的有效論證形式有很多，包括：

如果P，則Q
P
所以，Q
（肯定前件規則）

如果P，則Q
非Q
所以，非P
（否定後件規則）

要麼P，要麼Q
非P
所以，Q
（選言三段論）

如果P，則R
如果Q，則R
要麼P，要麼Q
所以，R
（建構式兩難）

相對的，我們亦常見到人們誤用無效論證形式（invalid argument form）：

如果P，則Q
非P
所以，非Q
（否定前件謬誤）

如果P，則Q
Q
所以，P

（肯定後件謬誤）

要麼P，要麼Q

Q

所以，非P

（錯誤拒取式）

具有有效論證形式的論證，稱之為有效論證（valid argument），那些不是有效論證的論證，都是無效論證。如果一個論證是有效的，它的前提的真將保證它的結論為真；也就是說，如果有效論證的前提都是真的話，那麼它的結論不可能為假。

用一個隱喻式的說法粗略的說，一個有效論證的結論是從它的前提導出來的，結論本來就包含在前提之中，因此如果前提都是真的話，結論不可能為假。

如果一個論證的結論是假的，那麼要麼它是一個無效論證，要麼它的前提之中至少有一個是假的。換句話說，如果你可以確定某一個具有假結論的論證是有效的，你便可以確定它的前提並非全真。這個揭發前提含有錯誤的方法，稱為歸謬法（reductio ad absurdum），舉一個複合的論證為例：

你要不是南部人就是北部人。
如果你是南部人，你就是民進黨的死忠派。
如果你是北部人，你就是國民黨的死忠派。
無論你是民進黨的死忠派或是國民黨的死忠派，你都是政黨的死忠派。
政黨的死忠派都是政治偏執狂。
所以，無論如何，你是個政治偏執狂。

這是一個有效論證，因為如果它的前提都為真的話，結論就一定為真。把這個複合論證拆開成三個原子論證，便能看出它的有效性：

你要不是南部人就是北部人。
如果你是南部人，你就是民進黨的死忠派。
如果你是北部人，你就是國民黨的死忠派。
所以，你不是民進黨的死忠派就是國民黨的死忠派。

（建構式兩難）

你不是民進黨的死忠派就是國民黨的死忠派。

無論你是民進黨的死忠派或是國民黨的死忠派，你都是政黨的死忠派。

所以，你是政黨的死忠派。

（建構式兩難）

政黨的死忠派都是政治偏執狂。

你是政黨的死忠派。

所以，你是個政治偏執狂。

（肯定前件規則）

這個有效論證導出你是個政治偏執狂，因此如果它的前提都是真的，你就真的無論如何是一個政治偏執狂。當然，如果你事實上不是政治偏執狂，那麼這個論證的前提中至少有一個是錯誤的：你既不是南部人也不是北部人，你是日頭先照的東部人，或是處境尷尬的馬祖人、你是剛出生滿月無黨無派的北部人、你是民眾黨黨員、你真的是經過慎思熟慮且多方衡量後才誓死效忠政黨，一點也不偏執的人。

當然，我們很容易看出上述論證前提的錯誤，但並非所有的錯誤都那麼容易看得出來的。有些錯誤是我們思想上的預設，它們深深藏住，不易發現，而邏輯可以當成一種方法，幫我們揭發這些不易發現的錯誤。當我們並不清楚某個主張是否正確，或甚至我們堅信某一主張是正確時，不妨以主張為前提做有效的推論，看看會不會導出一些錯誤的結論。如果真的導出錯誤結論，那麼就可以確定前提出了一些問題，其中至少有一個是錯誤的。

讓我們再來看看四個著名的例子，包括「伽利略的鐵球」、「一等於〇．九的無限循環」、「理髮師悖論」及「律師、補習班老師和法官」。這四個例子都是透過論證揭發一些不容易發現的錯誤思想。

第一個論證：伽利略的鐵球

從比薩斜塔同時丟下兩顆鐵球，一顆是重的大鐵球，一顆是輕的小鐵球，哪顆會先著地？從亞里斯多德開始到伽利略之前的所有人都相信，大鐵球會先著地，但伽利略推翻了這個想法。推翻的方式除了透過實驗與觀察，還有論證。

伽利略的論證方式是，想像我們在兩顆球之間繫上一條細細的線當成連結，如果重的物件下墜速度比輕的快，那麼那顆輕的鐵球下墜速度會比重的鐵球慢，輕的鐵球將會拉著重的鐵球，減緩了它的速度，因此兩個連在一起的鐵球下墜速度，將會比單單一個大鐵球下墜的速度慢。再想像另一種情況，如果我們用連接大小兩顆鐵球的那條線，將它們緊緊的綁在一起，變成一個大鐵塊，在這種情況下，兩顆球變成的大鐵塊的重量當然重於單單一個大鐵球，因此大鐵塊下墜的速度將會比單單一個大鐵球下墜的速度快。結論是，如果重的物件下墜的速度比輕的物件快，那麼連在一起的那兩個鐵球就既比大鐵球下墜的速度快，又比它慢。於是，我們從「重的物件下墜速度比輕的物件快」這個想法導出了一個矛盾，一個不可能為真的結論。所以，「重的物件下墜速度比輕的物件快」這個人們相信千年的想法被推翻了。

不要小看這個發現的歷程和結果。對許多哲學家來說，這個歷程非常完美的呈現出即使不靠實驗、觀察，單單憑藉哲學家所擅長的論證，人們仍有可能揭發重要的自然法則。伽利略論證的結論也可以表述為「無論具有什麼質量，無論以什麼物質構成，所有的東西都以相同的速度下墜」。這個人們稱為「等同原則」

的想法，後來直接導致愛因斯坦的相對論。

第二個論證：一等於○．九九九……

我喜歡另一個讓大家一聽就非常感興趣的例子：一等於○．九九九……。絕大多數人會說，一不會等於○．九九九……，○後面的九無論有多少，就是到不了一，一與○．九九九……之間就是存在著差距。然而，這個許多人都有的直覺，卻是個錯誤。

假設一大於○．九九九……，一與○．九九九……之間存在著差距。假設○後面的九循環到小數點後第 n 位數停止，這 n 位數上的九與一之間差距無論有多小，都一定可以分成十等份，如此其中的九等份可以視為第 n 加一位數的九，那麼○．九九九……就不能停在第 n 位數上，同理可證，它不能停在任何一位數上，因此我們不能假設一與○．九九九……之間存在著任何差距。換句話說，如果一與○．九九九……之間存在著任何差距，那麼你說的○．九九九……就不是真正的○．九九九……。如果你說的是真正的○．九九九……，它與一之間就不存在任何差距，一必等於○．九九九……。

上述的論證是有效的，不相信的人可以看看以下這個數學證明：

設 $X = 0.999\cdots\cdots$

$10X = 9.999\cdots\cdots$

$10X - X = 9.999\cdots\cdots - 0.999\cdots\cdots$

$9X = 9$

$X = 1$

所以，$1 = 0.999\cdots\cdots$

第三個論證：理髮師悖論

有時候，一句看起來毫無問題的話，其實隱藏著矛盾。「理髮師悖論」就是個著名的例子。

古希臘時，愛琴海的島上有個很有原則的理髮師說：「我會幫島上所有不幫自己理頭髮的人理髮，而且只幫那些人理髮。」做這樣的宣示，或許是因為理髮師實在受不了那些為了省錢而自己理頭髮的人。這個宣示看起來毫無問題，但事實上不然。我們知道，「理髮師要麼替自己理髮，要麼不替自己理髮」這句話一定是真的，但這句話加上理髮師的「我會幫島上所有不幫自己理頭髮的人理髮，而且只幫那些人理髮」那句話，將會導出矛盾：如果理髮師不替自己理髮，那麼根據他的宣稱，他就要替自己理髮。另一方面，如果理髮師替自己理髮，那麼根據他的宣稱，他就不替自己理髮。

既然我們從前提有效導出「理髮師既替自己理髮，又不替自己理髮」這個矛盾，那麼前提一定有問題。哪個前提有問題？既然「理髮師要麼替自己理髮，要麼不替自己理髮」一定是真的，那麼理髮師那句「我會幫島上所有不幫自己理頭髮的人理髮，而且只幫那些人理髮」一定是假的。有時候，一句看起來毫無問題的話，其實隱藏著矛盾，理髮師悖論就是個典型的例子。

第四個論證：律師、補習班老師和法官

很久很久以前，世界上是沒有補習班的，直到古希臘時期，有位名叫普羅塔格拉斯（Protagoras）的詭辯學派哲學家開設了第一家律師補習班。一方面為了彰顯補習班的補習成效，同時也顧及學生的繳費能力，這家補習班訂了繳學費辦法，並到法院公證：「畢業後，如果學生第一次官司打贏，那麼學生要繳交學費，但若第一次官司打輸了，就不用繳交學費。」

沒想到，有個學生畢業後竟然不當律師而跑去當哲學家，一毛學費也不繳。補習班老師一怒之下告上法院，當庭陳述：「法官大人，您不用審了，我的學生一定要給我學費的，因為如果他打贏這場官司，那麼依照繳費約定，他要繳學費。如果他打不贏這場官司，那麼依照法院的判決，他要繳學費。既然他要麼打贏這場官司，要麼打輸這場官司，因此他無論如何都得繳學費。」

被告是個優秀學生，馬上依樣畫葫蘆，當庭陳述：「法官大人，您不用審了，我一定不用繳學費的，因為如果我打贏這場官司，那麼依照法院的判決，我不必繳學費。如果我打不贏這場官司，那麼依照繳費約定，我不必繳學費。既然我要麼打贏這場官司，要麼打輸這場官司，因此我無論如何都不必繳學費。」

由於雙方都是有效論證，因此當兩個論證合起來時也是個有效論證：要麼老師打贏這場官司，要麼學生打贏這場官司。如果老師打贏官司，那麼依照法院的判決，學生得繳學費；然而，依照繳費約定，學生並不需要繳交學費。如果學生打贏官司，那麼依照繳費約定，學生得繳學費；然而，依照法院的判決，學生並不需要繳交學費。所以，無論如何，學生必須繳學費，同時也不必繳學費。

如果你是法官，你一定很頭大。

有意無意的，我們會將一些思想上的預設隱藏起來，有時這些隱藏的預設是思想最關鍵的部分，有時是最脆弱的部分。

在論證上，也有類似的情形。有些論證並沒有將所有的前提明白說出，這些沒有明白說出的前提稱為隱藏的前提。要揭發思想上隱藏的預設，就如同揭發論證上隱藏的前提一樣困難，因為從不同的隱藏預設或前提可以導出相同的結論，因此我們無法單單從結論就推得出它的隱藏前提或預設，但邏輯可以幫助我們去迫近思想或論證實際擁有的隱藏預設或前提。

各說各話難解社會紛爭

或許因為社群媒體的發達，意見、價值同溫層如堡壘林立，彼此之間常見對罵，很少對話。

立場不同的同溫層彼此相互攻擊，各自找證據支持自己的立場，攻擊對方，很少體貼的、得當的考慮對方的理據及論述。長此以往，社會紛爭無法透過理性解決，只能比誰聲量大、力量強、謀略深、意志綿長，最終將使社會理性退化。接下來，我將透過對「思想方法」的反思，對此問題進行一個診斷。

有個人主張C，他還很用心的找了理由（或證據）P1、P2、P3……Pn來支持。但你認為C是錯的，因此也認為那個人是錯的。你很用心，如同他一樣，你不僅有個主張，還有說法，你找了理由（或證據）Q1、Q2、Q3……Qn去論證C是錯誤的。

許多爭論就停在這個層次，或者滯留在這個層次混戰，哪裡都去不了。因為此時，雙方的說理只處在一個「平手」的狀態，他有個立場，也給出說法；你有個相反的立場，也給出說法，但問題是，他的說法是P1、P2、P3……Pn，你的說法是Q1、Q2、Q3……Qn，兩組理由彼此不同。

要徹底擊敗一個論證（假設結論C的真假不明），事實上只有兩個方式：

一、指出對方訴諸的理由（或證據）不成立，不是全真的；

二、對方舉出來的理由（或證據）不能推出他的結論。

所以要說服對手，你只能說他的理據P1、P2、P3……Pn之中有假的部分，或者指出就算P1、P2、P3……Pn全真，也推不出C來。僅僅建構另一個論證說：「Q1、Q2、Q3……Qn可以論證C為假」，不能擊敗你的對手。

各說各話，不能說服對方，也常造成有建設性的討論就此停滯。

友善論辯的四個步驟

著名的水手哲學家，也是知名作家丹涅特（Daniel Clement Dennett II），他的研究與想法對於意識、自由意志及科學與宗教之間的關係，產生了重大影響，他曾針對友善論辯提出了一套可行的步驟：

一、重新表述對手的立場，清晰、明確、公允到連你的對手都說：「謝謝，我真希望我能想出你那樣的說法。」（「能正確清晰的改寫對手的立場」表示消化了對手的想法，這是一種高度尊重）

二、條列出你與對手都同意的論點。這裡指的是特殊論點，而非大家都會同意的一般意見。（這讓討論有了共同基礎，也顯示出你不是為了反對而反對）

三、清楚說出你從對手那裡學到了什麼。（這表示你的對手值得尊敬，論辯的價值才高）

四、以上都做到了，才開始駁斥或批評對手。

我認為「友善論辯四步驟」可以深化民主素養，也是待人處世的一般原則。但若對方是德智雙缺的一張嘴，不夠格的論辯對手，那麼最好還是早早脫身，明哲保身。

以自然為師

對於人類來說，呈現在感覺中的，常比呈現在思想中的來得和諧融貫，也因此顯得更為鮮明真實。

這似乎是因為，我們所感知到的通常真實的，所思所想則常有虛假。感官感覺所呈現的真實是自然世界，而自然中沒有矛盾與不一致，自然也是融貫不衝突的。

自然本身沒有矛盾與不融貫，人類特殊的存在樣態，也就是擁有思想、行動與語言，才拉出自我斷裂的空間，有了不一致與不融貫的可能。我們可以捨棄思想、行動與語言，不再成為一個人，重歸自然。不過，人身難得，思想、行動與語言非常珍貴，我們不僅想要保留思想、行動與語言，再讓它們十分妖嬌豐富，還要讓它們如自然那樣一致而不矛盾、融貫且互攝。

如果一個人的思想、行動與語言貧乏近乎空洞，那麼此人本就像路邊的石頭，自然是自然的一部分。難就難在如何成為豐富精采之人，卻又是如此自然。

有一種方式是，以自然為人類的模型，也就是師法自然：將自然當成心靈的最佳模型，將自然當成行動的最佳模型，將自然當成語言的最佳模型，將我們的第一本性（自然本性）當成是第二本性（文化本性）的最佳模式。

10

暗黑也有邏輯

邏輯是光，發現暗黑中隱藏的邏輯，也就同時驅散了暗黑。

仇恨的深層邏輯

了解恨，我們就了解相當的人性了。當一頭野獸有恨意時，牠就滿像人類的。那麼，恨有邏輯嗎？

我們先來看看恨與愛的關係。恨的結構與愛的結構很接近，兩者幾乎是勢均力敵、整齊對陣的兩軍。

多年來的仇恨，似乎不可解的不共戴天之仇，可以被瞬間的真愛消解，不然羅密歐與茱麗葉也不會那麼有名。多年來的愛，濃情蜜意，死生與共，也可以被無明恨意摧毀殆盡。

愛恨會彼此抵銷，無法共存，所以人們常以光明與黑暗比喻愛恨。仇恨是黑暗，以仇恨對付仇恨，如同以黑暗驅趕黑暗，不僅無效，更會加深仇恨；只有光明可以驅趕黑暗，只有愛可以讓人遺忘仇恨、原諒仇人。

愛恨不能共存，但可以交叉出現，「又愛又恨」是一種愛恨的交叉出現，那是一種劇烈震盪的感覺，忽左忽右、忽上忽下，讓人難受。

光明與黑暗是愛與恨的重要隱喻，因為愛是消除人我界線、物我邊界的能力，是拆牆卸籬透光通氣。恨則是一種自我封閉，是築牆擋人，是挖洞躲藏。愛因此是結合與擴大，是一種共同承擔的能力；恨則是加重自我負擔的情緒。

那麼，仇恨的黑暗感根源在哪裡呢？如同很多人知道的，與愛真正對立的是冷漠，不是仇恨。這是因為，愛的本質是「連結」，而連結也是仇恨的基本性質之一。當我們恨一個人時，至少必須想著他，仇恨越大，連結越深。

當我們批評一個人到昏頭，或者怨恨人怨恨到心臟發抖的時候，會覺得對方越來越愚蠢、越來越邪惡，但是弔詭的，卻又覺得對方越來越重要。雖然，對方通常既不是那麼愚蠢與邪惡，也不是那麼重要。

正是仇恨與愛共同分享的這個連結，讓仇恨帶著自我矛盾或弔詭性，而這也是仇恨的黑暗感來源。

當我們越了解所恨的人，越了解他們牽掛的事、所愛的人、所恨的人、為何而愛、為何而恨、他們的信仰、他們生活中的喜怒哀樂，我們就越難仇恨他們。了解仇恨的對象會消除仇恨，因為了解帶來光明。

因此，如果一定要維持仇恨感，必須把仇恨的對象模糊化，必須不是那麼認識仇恨的人，以便繼續仇恨他。但是，基本的理性要求，要仇恨一個人、要報仇，至少要認識仇人。

這就是仇恨的弔詭之處，要仇恨，必須了解，而了解卻又消除了仇恨。

這個弔詭之處正是仇恨的黑暗感來源，弔詭的來源不在理性領域，也無法在因果領域追到根源，仇恨的根源在佛教所說的無明之地。

攀比的邏輯空間

比較心的對面是慈悲心。遇到比自己差的人，比較心會讓我們產生優越感，甚至虛榮心；遇到比自己好的人，比較心會產生自卑感，甚至嫉妒心。相對而言，慈悲心會讓我們對處於劣勢的人心生寬容乃至於助人的意念，連懲罰惡人也是基於寬容與協助的心念，而慈悲心給我們最大的回饋是，遇到優秀的人，便會心生喜悅。越慈悲的人越不會產生比較心。

此外，越能看出一個人的獨特性，也越不會產生比較心。越回到具體的人，就一個人本身來看他自己，就越能看出一個人的獨特性，而越看出一個人的獨特性，就越看出將人分類的問題，也就可以看出比較心的根源在哪裡。

我曾經會因為你屬於哪一類的人，而多喜歡或多厭惡你一些，至少在下意識裡。但是，不知是生活經驗多了，看多了，還是長智慧了，我現在喜歡就一個人他自己來評斷他。

事實上，當我就一個人他自己來看他的時候，通常會覺得這個人還真不錯，他的優點我很能欣賞，他不好的地方我很容易就體諒，覺得活在世上風風雨雨真是不容易啊。

但是很奇怪，當人們以某種類別來界定自己時，不管是屬於哪個星球、物種、族群、國家、宗教、政黨、組織、地方，我的好感度與容忍度都急遽下降。人一旦被分類，我的評價參考脈絡就脫離具體的經驗，快速進入冷冰冰的客觀理性評估程序，也就是比較與計算的程序，可替換性、價格、犧牲品等等角度就被帶入。

試著盡量不把人分類之後，我的比較心淡了不少，也自由自在了不少。沒有比較心是件好事，我越來越沒有比較心，這讓我覺得自己越來越好，越來越優秀，居然不知不覺會心癢癢的想：「不知道世界上有沒有『不爭錦標賽』或是『謙虛比賽』？」可見人的比較心根深柢固，連「不比較」都可以拿來比較，不可不慎。

比較心根深柢固，甚至在追求美善時，我們也經常暗藏「我要比別人好」的比較心。如何才能不預設比較心來看待「越來越善良、越來越能幹、越來越有知識……」這些事？

這個問題其實已暗藏它自己的答案，只是我們常常粗心不見，或視而不見，不知其重要性。這答案是：有些好，是不需要比別人好才算好的好，找到這些好，並努力追求之，這裡不存在比較的邏輯空間。

嫉妒的自毀邏輯

嫉妒是人類最黑暗的特徵，並且帶著自毀邏輯。它雖然標誌著人的弱點，卻能引發人類最殘忍的惡行。

一開始嫉妒，嫉妒的人便不斷付出代價，傷害自我。嫉妒感本身就有毒，酸度很高，易腐蝕靈魂，嫉妒的人就像自己喝下毒藥，卻等待著被嫉妒的人毀滅。

嫉妒的人以為，毀滅他人可以成就自己，但嫉妒敗壞的是自己的心靈，對方心靈卻一點影響都沒有。嫉妒的人羨慕對方的成功與美好，羨慕一旦轉成怨恨，怨恨會將對方惡魔化，把對方當成會來傷害自己的惡魔，心裡害怕恐懼，直到嫉妒的對象毀滅。

嫉妒的代價不僅是自我傷害，嫉妒也有著自盲性，會讓人自我懷疑，只看見自己缺乏的，看不見自己的優勢與潛能。

更弔詭的是，嫉妒別人的成功與美好，是因為想獲得對方的成功與美好，因此嫉妒產生的毀滅之心，想毀滅的是自己想成為的人，連帶毀滅的是自己認為美好與成功的事物。換句話說，嫉妒他人是一種自我毀滅，而且連帶毀滅了自己珍惜的事物。

讓我們進一步分析嫉妒。人類會愛自己，也會恨自己，但是不會嫉妒自己，嫉妒的對象總是別人，想擁有別人擁有、自己卻沒有的成功和美好事物，想得過頭了，嫉妒之心就會油然而起，因此貪心似乎是嫉妒心的一個元素。

嫉妒也包含著自私與比較心。有些人嫉妒別人擁有自己所沒有的東西，但甚至連自己是否真的需要那些東西都不知道，他們只想要別人有的，除此之外並不知道自己需要什麼。

透過對比嫉妒與愛兩者之間的關係，可以更了解嫉妒。嫉妒與愛之間有著密切但弔詭的關係，嫉妒他人必須先愛對方具有的某些性質，或更精準的說，嫉妒是「愛他所擁有的，卻不愛他」，嫉妒他人必須先愛對方具有的一些性質或事物，但卻不愛對方這個人，甚至仇恨他。這看似由愛而起的嫉妒心，是無法與愛共存的。人類的心似乎無法同時住著嫉妒與愛，嫉妒是種病，愛是健康狀態，嫉妒一出現，愛就離開；愛一出現，嫉妒就消失。

嫉妒有百般不好，但仍有正面的地方。幾乎所有好事都會招來嫉妒，也因為如此，嫉妒感雖然百般不好，它還是指向美好事物，是一個相當好的「美好事物偵測器」，這也是為什麼，被人輕微的嫉妒，感覺起來其實還不錯。壞就壞在嫉妒不僅偵測出美好事物，還讓嫉妒的人進一步想擁有不屬於自己的東西，而且容易讓人以不擇手段的方式，踩過別人身上去奪取，甚至得不到還不惜毀滅對方。

哪些美好事物落在嫉妒的偵測範圍之外？愛人、關懷他人等等無私利他的優質美德不會招人嫉妒，我們會嫉妒被人深愛、受到關愛的人，但似乎不會嫉妒愛人的人、救助人的人。看來，「自身獲益」的美好事物會招來嫉妒，「無私利他」的美好事物不會招來嫉妒。

我們說過，嫉妒的人想到的是「拿別人的」，不在意「給別人的」，但就算沒受人關愛，僅僅擁有美好的東西，如美貌，還是會遭人嫉妒的。邪惡的事物如嫉妒，來自黑暗的地方，你無法完全阻止它發生。僅僅只有道德、美麗和其他良善的東西，是無法保護我們免於邪惡的傷害，還需要力量，需要變得強大，才能遏止嫉妒對我們的傷害。我們無法防止別人產生嫉妒心，但是強大的力量可以讓那些嫉妒心無法傷害我們。

11

過關的智慧

輕輕慢慢呼一口氣，輕輕慢慢吸一口氣，呼吸之間，跟上時間，隨著時間推移，也就送我們過關了。

面試六策

每逢畢業季，我經常被問到，參加面試有哪些注意事項。以下這些建議看起來都不難做到，卻也包含了學習的重要內涵與方法。其中，我認為最重要的是「反思可以為創意再加值，讓創意變得獨一無二」這點。

當面試官問到你不會的題目

下策——留戀在大勢已去的戰場上：不會假裝會，亂答一通，胡扯一氣，希望蒙混過去。但通常是混不過去的，畢竟題目是面試官出的，而且他們閱人無數，考生會出什麼樣的花招都看過也看穿了。

中策——迅速脫離不利的戰場：認賠殺出，承認無知，承諾要再多學習。如果謙虛＋誠實＋勇敢是你採取的策略，那麼也可能是你被加分的地方。

上策——迅速改變戰場：攻守易位，先承認自己無法回答，然後立刻謙虛回問：「我可不可以談談一個類似的主題（回答一個相近的問題）？」相信我，學校或甚至企業裡很少有口試官會說：「不行，你只能就我的問題回答！」畢竟口試帶有交談的性質，交談是一來一往的。這時，你回答自己提出的問題，同時凸顯了你的應變能力，以及「說大人，則藐之」的勇氣。

當面試官問到你擅長的題目

下策——三兩下清潔溜溜：毫不思索，見獵心喜、喜孜孜的立刻切入主題，將答案和盤托出，幾乎和 Google 一樣神，答案彷彿就在口袋裡。口試官很可能給你這題所有的分數，但是看不出加分的理由。

中策——擴大戰果：氣勢凌人的說個不停，欲罷不能，將相關領域不斷捲入，幾乎用掉所有面試時間，直接剝奪面試官問出你不會的題目的機會。

上策——當一個能思考的人：心中喜悅像跳躍的小鹿，簡直要跳出喉嚨，但仍先壓制住，做沉思狀，表現出「這真是一個有深度、有學問的題目」，然後以邊思考邊說的方式回應面試官。沒有考官不欣賞「喜歡思考的考生」，所以相信我，你的錄取機率將大大提高。

最後這個策略也是做學問的方法：當心頭浮上了好的想法、理論、論證時，一定要先抑制住心中跳躍的喜悅小鹿，先問問自己：

這個想法有沒有問題？

可不可以再深入一些？

多問自己一次，為什麼這是一個好想法？

如果任由答案隨著喜悅脫口而出，通常會與其他人的深度差不多。若能先暫停一下，多沉澱一會兒，再咀嚼一次，可能會出現一個更新穎、更具深度的好想法。

有解的兩難

所謂兩難，不僅是難以做出決定、做出選擇，也是一種更困難的處境：無論做出哪一個選擇，都有難以承受的後果。

這是一種讓人產生極大壓力，甚至痛苦的處境。身在其中，情緒、壓力、痛苦常使得我們把事情弄得更為複雜，有時甚至被嚇呆了，像隻無頭蒼蠅空繞圈子，浪費大量精力與時間找出口，卻四處碰壁，製造出更多新的錯誤與困難，讓兩難更難。情緒、壓力、痛苦越是加劇，消解兩難的能力越是急速減弱。

有些兩難一旦遇上，大概就無法解決，像是「雙胞胎寶貝女兒掉入河中，只能救一個，要救哪一個？」「遇上」無解兩難有兩種，一是兩難情況找上門，不是自找的，另一種是自找的。掉入前一種無解兩難，不能怪自己，但可以怨天；走入後一種無解兩難，只能由自己負責。我們沒辦法避免前一種無解兩難，但若能看清楚自己的能耐、了解處境，還是可以避免陷入第二種無解的兩難，「險境勿入」、「沒有三兩三，不要上梁山」、「沒有某種屁股、不要爭坐某個位子」種種老話所提醒的道理正是如此。

在此先不細論無解的兩難，我們要談的是「有解的兩難」以及消解這類兩難的可能思維或做法。

所謂「有解的兩難」指的是，當我們有兩個以上的目的（或者欲望、價值），但所擁有的資源（如權力、時間、金錢）不足以同時兼顧這些目的，那麼我們便處在兩難的處境中。如果上述的目的和資源可以改變，兩難處境便是可解的。這裡所談的改變可以是想像的，也可以是真實的。

策略一、澄清與盤點

首先，澄清自己的目的（或者欲望），有時當目的或欲望澄清時，兩難便消失了。

這個過程也同時是了解達成目的的路徑、手段、方法是什麼的過程。有時，路徑、手段、方法清楚了，或許相衝突的目的是可以先後達成的。

其次，盤點自己擁有的相關資源。有時，當我們發現自己擁有的資源足以實現所有目的、滿足所有欲望時，兩難便消失了。

當我們越認識自己且越清楚可用資源與處境時，「表象上的困境」、「直覺上的困境」就越容易消失。

通常，當一個人擁有的資源越多，陷入兩難的困境就越少；同一時間想達到的目的、想滿足的欲望越少時，陷入兩難困境的可能性就越少。當然，人的能力畢竟有限，加上有些事無論如何一定要做、有些事無論如何必須避免，因此有些兩難是真實存在的。

策略二、排定優先順序

將兩難中的目的或欲望，計算其重要性與急迫性，排定優先順序。有時，目的或欲望的優先順序排定了，取捨便不是問題，兩難也就消失了。

這時，若平時就形塑了個人的中心思想、核心價值，讓事物價值層級清晰化，優先順序便自然顯現。真正困難的是，有些事物同等重要，在某些狀況下卻無法兼顧。

策略三、第三選擇

在同類中找出超越「兩難所涉及的目的或欲望」的另一個目的或欲望，那麼原先兩難便喪失其重要性。例如，A公司與B公司都是你夢想進入的，但不能兩全，如果可以找到比兩者都好的C公司，A、B二擇一的困境就變得不重要。

另一種做法是，向上超越找到更好的選擇。假設A、B的選擇是為了金錢，那麼可以透過找到比金錢更有價值的事物，例如信仰、生活型態、人格等，來超越A、B二擇一的困境，兩難所涉及的目的或欲望將會變得不重要。當然，用來超越兩難的更高價值必須是自己真正相信的，否則就會變成「酸葡萄」（如果得不到想要的結果，就會辯稱「其實是自己不想要」）。

透過這個策略，我們明白：

- 在某個領域的視野越廣，越能從中找到更好的第三選擇。
- 人生高度越高，視野就越廣，越能找到更高層次上的超越性第三選擇。
- 無可無不可的價值觀。這是道家的價值觀或說處事態度。當沒有目的及欲求是不能改變時，便不會有持續的兩難。可以說，這是一個透過「彈性價值觀」來避免或消解兩難的做法。這個策略與前述兩項不同，前兩者是透過高度獲得彈性，而對抱持「彈性價值觀」的人來說，彈性來自無可無不可的人生態度。

策略四、以行動改變兩難的條件

現實中的兩難有其形成的條件，當這些條件改變夠大或夠多時，原有的兩難便可能會消失。

我們可以透過行動來改變處境，做些實質的動作，改變些許現狀，鬆動環境中的一些限制，可能因此改變了兩難的成立條件，使其不再是兩難。

透過這個策略，我們明白：行動讓我們的位置改變，視野也隨之改變，原來位置A、B二擇一困境中的A看起來是A，B看起來是B，移動後從新位置看，A有可能不再是A，B也不再是B。

此外，行動顯現隱藏的資源，帶來了新的資源，改變了處境。行動遠比坐困愁城好。

抉擇的三種取鏡

有人說，過去不重要，重要的是我們決定成為什麼樣的人；從哪裡來不重要，重要的是要往哪裡去。這個說法是對的，難的是當要決定成為什麼樣的人或往哪裡去的時候，如何辨認出並掌握那些稀有的「艱難抉擇」的機會。

出路：岔路不是選擇的困境，而是活出自己的機會

艱難抉擇絕大部分關乎重大價值的取捨，人們常以為，面對重大價值取捨的岔路口之所以艱難，在於我們無法權衡出那些重大價值的輕重，但其實那些重大價值根本無法量化，也永遠無法透過比較做出抉擇。這給了我們一個機會，得以換個角度思考艱難抉擇的意義。

艱難抉擇不應是種困境，而是活出自己的機會。當遭遇艱難選擇時，不代表

自己很倒楣，反而是受到好運眷顧，因為自己可以決定要成為什麼樣的人。

初心：有品有格有整體感的人生，才能帶來高層級的快樂

不知道自己真正要什麼、想成為什麼樣的人，即使遇到再多的「重大價值岔路口」，碰到再多的幸運，都是沒用的。另一方面，如果知道自己真正想要的是什麼，清楚自己想成為什麼樣的人、活出什麼樣的人生，面對「重大價值岔路口」就能輕鬆選擇，一點都不艱難。

的確，重大價值無法量化，但不代表我無法透過其他方式衡量或比較。我們可以這麼思考：即使是重大的價值，不表示彼此之間沒有層級的差異，例如，孔子、孟子可能就會認為仁義是重中之重，而警察大叔則會認為誠實是最重要的，其他的價值固然重要，但相較之下，它們位居較低層級。

如果重大價值彼此間有層級之別，那麼選擇時並不艱難，也就談不上重大價值的艱難抉擇，更別說能帶給我們一個活出自我風格的機會。反之，如果重大價值存在著不可比較性，那麼應該是因為它們本身的獨特且不可替換，因此不存在任何比較框架可以排序。

但就算個別重大價值是如此獨特，以至於它們是不可共量的，或許仍有一些超越這些重大價值的結構因素，來幫助我們比較，並做出抉擇。我認為，「生命的格調」就很重要，強調原則的一致性，莫忘初心，依照過去已經選擇的價值，在未來持續以相同價值為優先選擇，塑造出個人所追求的生命格調。

換句話說，面對重大價值的抉擇，我們可以依據是否「與初心一致」來衡量眼前的重要價值，比較出選擇的優先性。例如，以仁義為重者持續以仁義為第一原則、以守法為紀者持續以法律為第一原則、以幸福為要者持續以幸福為第一原則。也就是說，只有根據初心、原則、理想、「志」而活出來的有格有調的人生，也就是依據自己所認為的「善」所形塑出來的人生，才能帶來高層級的快樂。

這樣的人生，縱然在不同階段都曾遭受苦難，甚至是極大的痛苦與不幸，但整體仍可超越那些苦難的部分，帶來高價值的快樂。

但若僅僅是過活的人生，雖然其中的片段仍可能是快樂的，但這些片段純屬偶然，彼此間缺乏原則或理想串聯，無法成為一個有型有格的整體，如同散落一地的珍珠，徒留遺憾。

行動：所有因信任與勇氣而抬起的腳，最後都會落在光明之地

抉擇的第三個取鏡其實是信仰與理性兩者之間的對比，因此，就讓我們來聽聽「信仰與理性兩者間的對話」。

信仰：你需要知道什麼、看見什麼，才能往前走？

理性：不需要知道太多，我就能往前走，只要讓我看見路在哪裡，我就能往前走。

信仰：你知道一個人如何抬起腳嗎？

理性：當然知道，我一天到晚抬腳，不抬腳怎麼走路？

信仰：我不是問你能不能抬腳，我是問你有沒有「一個人如何抬起腳」的知識，你能不能完整解釋一個人如何把腳抬離地面？

理性：首先，我必須有抬腳的意念，然後這個意念促動了某些神經傳導，這些神經傳導刺激了某些腳部的肌肉群與背部的肌肉群，或許也需要一些肩頸部的支撐肌肉，可能與手部肌肉無關。我不確定，不，我不知道在每個抬腳的階段，各個部位的肌肉需要以什麼樣的角度施上多大的力量。我想我不如原先想的那樣，我幾乎不知道人是如何把腳抬起來的。我以為我知道很多，事實上我知道得

不多，關於知識，我有很多幻覺。

信仰：很好，你不知道你是如何抬腳的。所以，你需不需要先知道如何把腳抬起來，才決定把腳抬起來，才開始邁步向前走？

理性：我明白了，不需要知道，我就是往前走。如果要先知道怎麼做，那麼很多事都做不了。

信仰：那你為什麼需要先看見前方的路，才能往前走？你以前走路，每次都是先看清楚落腳處，才踏出一步？

理性：經你提醒，的確是這樣，走路前不需要事先精準知道腳踏的位置。如果走路前需要先知道如何抬腳和落腳位置這些我們原以為很簡單的事，才能往前走，那麼，我們連一步都邁不出去。

信仰：不僅是抬腳，也不僅是落腳，我們對於為何要往前走的理由，常常也是認識不清的。有人說，初心很重要、與初心一致很重要、過去所堅持的事物對於如何選擇未來很重要，但你很清楚過去自己的堅持是什麼嗎？你知道自己是根據什麼動機、理想、原理或原則做了重要抉擇嗎？

理性：有些知道，但是許多似乎是盲目的。就算有動機、有理由，我也不完全了解。我想，這涉及認識自己，但認識自己常常比認識世界更難。如果我們必須完全清楚知道自己要什麼才能往前走，那麼我們可能一步都難以邁出。

信仰：只要仔細想想，你就會同意我。一步一跳躍，我們的每一步都是一個跳躍，每一步都躍進黑暗，而每一步也都是信仰的一步，你要信任大地，信任腳抬得起來，信任大地會承接著你落地的腳步，信任大地不會忽然陷落、背叛你的信任。所有地方都是黑暗森林，所有腳步都在黑暗森林起跳，每一步都需要勇氣，每一步也都是信任。而所有因信任與勇氣而抬起的腳，最後都會落在光明之地。

理性：但是，那樣不是很冒險嗎？一不小心，不會踩到路過的刺蝟，摔下萬劫不復的懸崖，或跌入毒蛇窟裡嗎？

信仰：詹姆士（William James）和史帝芬（James Fitzjames Stephen）兩位哲學老師曾經告訴我一些關於走路、跳躍、生命與神明的事，現在就讓我說給你聽：

「如果我們以宗教之心對待，宇宙就不再只是個『它』（It），而是『您』（Thou）。人與人之間的關係何嘗不是如此。……我們可以感受到，彷彿宗教邀請我們對宇宙與諸神釋放善意。……除非我們先對宇宙與諸神釋放善意，否則『真理』、『真理存在的證據』與『通往真理的道路』將是隱藏的，不讓我們知道。先假設宇宙與諸神將引領我們至真理之地，先善意的那麼相信，然後或許我們會相會於半途。……因此，將自己封閉在複雜糾結的邏輯性之中的那些人，那些等待證據或諸神來『迫使』自己承認諸神存在的人，那些只有在鐵的證據之前，只有在不得不相信時才會相信的人，很可能將永久斷送他與諸神相會相識的機會。」

上面這段話有些部分可能被我的記憶修改過，但大意來自詹姆士老師的《信仰的意志》（*The Will to Believe*）。下面這段話則是史帝芬老師在《自由、平等、博愛》（*Liberty, Equality, Fraternity*）這本書中說的話，有些部分也可能被我的記憶修改過了，而我的記憶也遺忘了老師是在什麼地方說的：

「在生命重要的事務上，在生命的重要時刻上，我們都必須在黑暗之中凌空一躍，躍向黑暗之中。……選擇不回應是一種選擇，選擇搖擺的回應也是一種選擇；無論如何選擇，我們都是在冒險做選擇。……人們走向自己挑出來的最佳路徑，如果選錯了，我們只能說真不幸。在大雪紛飛濃霧迷目中，我們行走在山隘路上，偶爾才瞥見迷霧縫隙中幾條小徑，這些迷霧間露出幾秒的幾尺小徑可能只是誤導。如果我們躊躇不前、定住不動，鐵定凍死。如果選錯路，我們將失足墜淵，屍骨無存。但是，我們並不知道那些迷霧中露出幾秒的幾尺小徑，哪條才是正確的道路，能通往真實的目的地。我們該怎麼做呢？『堅強起來，並且鼓起勇氣』，懷著最終能得到最好結果的希望，抱著這個希望行動，並且將後果承擔起來。……如果最終是死亡，而且僅僅是死亡終結這一切，那也沒有比這個更好的方式來面對死亡。」

史帝芬老師說話時常聽得我驚心動魄，他應該去寫劇本、拍電影。

理性：我懂了，就算眼前的所有證據都尚不足以證成自己所相信的，卻仍舊堅持相信，方能超越眼前的得失、困難與局勢，有那樣高度的人才看得見出路，才是能真正活出自己的人生，才是真正的行動者，才是真正的創新者。往黑暗的那一躍，這是信仰的力量。

信仰：很好，但是還有更重要的。黑暗一躍固然呈現你的信仰力量，更重要的是，黑暗一躍也會增加你的信仰力量。不僅信仰強化你的行動，行動更強化你的信仰。你還有許多關卡要過，記住過關的秘訣：不要追求客觀，也不要與多數妥協，重要的是掌握你最無私的主觀。

過關只是呼吸之間的事

有時候，眼前的一切會讓人感覺真的很難、很亂。不過在還沒有整個垮掉之前，我們一定可以找到一件平常事，只要一件就好，讓自己好好做它，成為習慣，當成支點，撐起自己。像是：

好好做一頓飯
好好吃一頓飯
好好散個步
好好說個故事
好好看本書
好好看部電影

好好聽首歌
好好欣賞一個人、一棵樹、一枝草、一朵花、一抹雲、一座山、一片海的好
好好打一場球、流一身汗
好好整理房子
好好打掃廁所
……

這個撐起的支點，甚至可以簡單到好好呼吸。輕輕慢慢呼了一口氣，輕輕慢慢吸了一口氣，呼吸之間，跟上時間，隨著時間推移，也就送我們過關了。

過關只是呼吸之間的事，正如同十三世紀波斯伊斯蘭教蘇菲派神祕主義詩人魯米（Rumi）所說的：

在是非、對錯、勝負之外
有一片綠草地
我在那裡等你

當靈魂躺在那草地上
天地寬，世界豐饒，言語無用

我認為，在是非、對錯、勝負之外，的確有著一大片思想、精神與價值豐饒的領域。那裡不一定是全然無語的，但在那裡，語言的作用像光；那裡也並不神祕，是個相當寧靜的地方。

我稱這種喜悅快樂為「浸潤在單單純純的存在而感到的喜悅」。這種快樂不是來自於目的達成或欲求滿足，甚至也不是來自於加諸己身的不幸與痛苦消失了。因為，人們不一定需要遭遇並解除病痛與不幸之後，才能獲得這種「非關目的、無涉欲求」的喜悅。

這單純的存在感，讓人感到真實，感到自己更像自己，可不可以視為脫離困境的方法？答案是可以的。《易經》中的渙卦就是個好例子。

渙卦由上巽下坎組成，巽為風，坎為水，卦為風水渙。「渙」的字面意思，主要是離散、流離、渙散，雖然沒什麼精神的樣子，但意象上還滿美的。「渙」是脫離困境的方法，特別是內心的困難，它是一種解憂、放心的方法，而脫離的方式，與卦象風和水的意象有關。風的方面是被動的期待：身在險境、心有煩惱，期待風把煩惱吹散。水的方面是主動的讓「被動性」發生其正面意義：渙卦邀請我們想像自己是水上的一根木頭，此時能做的就是放輕鬆，連要往哪裡去的意向都放下，讓大水帶我們漂向遠方，脫離困境與煩惱。

遠古的「無它」概念也有著類似的意涵。「它」指的是大蛇，人們懼怕大蛇，因此當事情順利，沒有意外，就會說「無它」。相反的，「有它」就是有意外，發生不好的事。這樣的說法蘊含著一個「美好世界觀」：事情不按本身的樣子發生，有意外，才會是不好的；沒意外，事情按其本身的樣子發生，就會是好事。

世界是美好的，不好只是意外，這樣的美好世界觀讓人浸潤於單純的存在，就能感到喜悅。通常這種快樂感會伴隨著真實感，特別是「我更像我自己了」這種關於自我的真實感。

如果不必做什麼，我們的存在就足以是別人快樂的理由，那就會感受到真正的快樂。

12 — 道別是成全

最好的道別就是好好的活過。活過美好的一生，沒有遺憾，豈有留念，就可以好好的向那一生道別。

自我的四維蟲理論

生物現象為亞里斯多德帶來許多哲學想像。例如，就像種子具有長成大樹的潛能，他認為生命是一個潛質（potentiality）成為現實（reality）的過程，人也是一樣。而這種想法用在自我（self）上，後來便發展成「自我的四維蟲」（time-worm）理論。

四維就是三維空間加上時間維度。根據四維蟲理論，每個人從生到死一輩子就有如橫跨歲月的一條蟲，從生到死就是一條蟲。人不是一出生就是一條完整的四維蟲，一歲的林從一不是完整的林從一，只是林從一的一部分；二十五歲的林從一不是完整的林從一，只是林從一的一部分，就像林從一的腳趾頭只是林從一的一部分那樣。

我認為，生命的四維蟲理論可以推出一個相當令人驚訝的結論，這正是哲學家最喜歡做的事。

如果四維蟲理論是對的，那麼只有當一個人充分發展完成，沒有意外早死，沒有重大殘缺與重大遺憾，他才算以一個完整的人存在。嚴格說來，這時他才算活著。當一個人還沒成為完整個體時，曾經的存在只是他的一部分，就像我的一個腳趾頭不是我；早夭的人，也只是此人的一部分；一個人的腳趾頭壞死，不是這個人死了；早死的「人」不算真正的死，只是沒有機會發展成完整的人。

生命圓滿才算曾經活過，而似乎很弔詭，當生命圓滿時，也就是真正的死亡發生的時候；反之亦然，真正的死亡發生的時候，也是生命圓滿的時候。

但是，生命的四維蟲理論並不需要預設內容過厚的「生命圓滿」。生命的四維蟲理論不只有亞里斯多德式的版本，還有二十世紀最重要的哲學家路易斯（David Lewis）的版本。

路易斯認為，每個生命的長短是一個「固定的」事實，將時間像地圖般整個攤開來，所有人各自的生命線就長短不一但確定不變的呈現在時間地圖上。在這樣的觀點下，生命沒有誰比誰圓滿的問題，只有長短的問題。一歲死亡的人是一條短短一年長的四維蟲，八十歲死亡的是一條常見八十年長的四維蟲，一百二十歲死亡的是一條罕見的超長四維蟲。

但就算不必預設太多的生命圓滿，四維蟲理論還是蘊含一個特殊的生死觀，也就是當死亡發生時，我們才完完整整存在。生命沒有所謂「部分存在」，因此只有當死亡發生時，生命才存在。

四維蟲理論有許多問題，例如每個時間片段（十歲、十一歲……）的我似乎都是一個能思考、能行動的主體，這些「部分的我」與無法思考也無法行動的「腳趾頭」差別很大。但我認為，生命的四維蟲理論所蘊含的「生死一體」生命觀，有著許多很有意思的生命視角：

一、我們必須對生命的每一階段負責。過去雖然已經過去，但是過去的我還是我的一部分，我必須負責。

二、現在的我雖然終將過去，但過去的我還是我的一部分，要慎重對待眼前的一切。

三、可能是遭遇，也或是咎由自取，讓我們對過去和現在的自己感到不滿意，甚至羞愧。但只要還沒死，過去的與現在的自己就只是我們的一部分，不是完整的，還是有「透過整體的完善來超越與轉化部分瑕疵」的機會。過去與現在只是未成品，還是可以期待未來的完善，讓過去與現在的瑕疵有機會成為未來整體生命美善的一部分。

四、生命的四維蟲理論強調生命的整體觀，讓我以「高價值的整體人生所帶來的快樂」來闡明生命整體觀的意涵：

臨死前回顧一生，身為一個整體所能讓我們感到的幸福快樂，就是「高價值的整體人生所帶來的快樂」。我認為，只有根據理想、原則、「志」而活出來的人生，也就是依據個人認為的「善」形塑出來的人生，才能帶來這種整體性的快樂。根據理想、原則與「志」活出來的人生，才是有品有格有整體感的人生。

這種人生縱然在不同階段都遭受了苦痛，甚至是極大的痛苦與不幸，但它的整體仍可超越那些苦難的部分，帶來高價值的快樂。如果人生僅僅是過活的人生，雖然那樣的人生片片段段仍可能都是快樂的，但那些片段是偶然的，彼此之間沒有原則或理想串聯起來，無法成為一個有型有格的整體，如同散落一地的珍珠，令人感到深深的遺憾。

五、死亡是生命的句點，但也是生命的一部分。事實上，死亡（特別是「好好死去」、「善終」）在生命中具有一個特殊位置，讓我以〈洪範〉五福中的第五福「考終命」來說明：

《尚書》中的〈洪範〉篇提到五福，分別是：「一曰壽、二曰富、三曰康寧、四曰修好德、五曰考終命。」前三福符合直覺，大家容易理解，第四福需要哲學深度詮釋，其中可能涉及德福相配的哲學議題，可能還不止，因為「好德」的人除了生性仁善外，也有生性寬厚寧靜之意。

第五福則更像一個謎題（puzzle）。既然第一福是長壽，第五福「考終命」的重點不會是長壽，一般將它理解為「善終」。善終的意思是不痛苦的死亡，但它也有自然死亡、非意外死亡的意涵，也就是非橫死。我認為，考終命的核心意思是：能預先知道自己的死期，有機會好好思考活這一輩子的意義，有機會對自己、對別人、對事情、對天，好好道謝、道歉、道愛，好好收尾道別，靜待死亡的來臨。

能預先知道自己的死期，並且靜待死亡的來臨，這才是一個有尊嚴的死亡，這是平常人最終的福氣。

多數人一輩子努力維持著尊嚴，希望到最後也能維持著尊嚴死去。戰爭、疫病、大屠殺最壞的地方是讓人們不得「考終命」以得善終，讓人無法預期自己的死期，來不及好好思考活這一輩子的意義，不能獲得心靈的平靜，好好死去。

沒有什麼是應得的

雖然我還不完全清楚「應得的」、「值得」、「不應得」、「不值得」這些概念，但是我已經知道它們可合理運用的範圍很窄，容易誤導人。

當我們認為那是自己應該得到的好東西，就會有股衝動，即使踩在別人身上，也要走過去拿。在這樣的情況下得到了，我們會珍惜與感激嗎？如果認為這是不應得的，當我們得到的是不好的東西，如不公平的對待，自然會要求回復正義。但讓人驚訝的是，當我們認為不應得卻得到的是好東西，例如愛、榮耀、原諒與療癒，既然認為自己不值得，不管有沒有意識到，我們已經毀滅了愛、榮耀、原諒與療癒。

因為，如果認為自己得到的愛、榮耀、原諒與療癒是不該得到的，那麼也會認為自己背負著債務，需要償還。但是愛、榮耀、原諒與療癒從來不是交易、不是報酬。視愛、榮耀、原諒與療癒為債務、交易與報酬，將會摧毀愛、榮耀、原諒與療癒。事實上，獲得愛、榮耀、原諒或療癒的最大阻礙，常常是我們覺得自己不值得被愛、不值得獲得榮耀、原諒或療癒。

很多我們真正應得的東西，特別是那些珍貴的東西，是沒有任何特定的人「應該負責給我們」的。沒錯，我們是應該得到愛，但沒有哪個人應該愛我們，所以得之我幸，得不到，是我不幸，都是偶然。

許多比我們好得多的人，比我們更有潛力的人，遠比我們優秀的人，沒什麼特別原因，沒有什麼理由，卻比我們早死得多。我們似乎沒有理由想著：我應該活得久一點、我不應該活得這麼短。同理，我認為不管一個人做出什麼樣的貢獻，活出什麼樣的人格，我們都沒有理由說「他應該活得久一點」。

如果連生命都沒有「應不應得」、「該不該有」（deserving）的問題，生命所包含的所有事物，似乎也就沒有應得、不應得的問題，沒有什麼是我們應得的，該及早放棄「這是我應得的」、「這是我該得的」、「這是我該賺到的」、「這是我不應遭受的」這些概念。

我覺得，放棄「這是我應得的」的概念，可以讓自己想得更清楚、更自由，生活可以更自在；放棄「這是我應得的」的概念，卻又能重新建構「這是值得的」、「這是有價值的」等等概念的人，將會有嶄新的生命觀。

或許這結論下得太重。應不應得的確還是重要的問題，但沒有想像得重要，而我們也必須獨立於「應不應得」的考慮來選擇自己的生活。

道別與重生

如同探討生命的本質，關於死亡的問題，也難以三言兩語就清楚回答。但是，死亡有個基本特性：一旦死了就是死了，還能活過來的就不是已經死了的。換句話說，重生或死而復生這些概念，與我們對於死亡的基本看法有所牴觸。

我們也可以轉向自己，更切身的觀察到相同道理，從中體會一些深刻的事。「什麼時候算是死了？」當我不再是我的時候，就是死了；就算發生了很多變化，只要我還持續是我，我就還活著，沒死。我可能睡著了、掉髮了、感冒了、變得更和善或更易怒、遷居巴黎、麻醉手術中……，只要我還是我，我就還活著。另一方面，當一個人的個性、記憶或價值觀徹底變了，就像毛毛蟲吐絲結繭液化身體再重新結構，羽化了，我們會說，這個人變得非常不一樣，不再是原來的那個人了，如同那隻毛毛蟲不再是牠自己了，有時我們甚至也會說，這個人死了，毛毛蟲也死了。

但是，經過巨變與轉型，這個人似乎還活著，毛毛蟲也似乎還活著，我們也會說，經歷巨大轉變，這個人與毛毛蟲重生了，重新獲得生命。但是，嚴格說來，如果此人真的死了，毛毛蟲也真的死了，就不會是「這個人」或「那隻毛毛蟲」重新獲得生命，因為死了就是活不過來。一個主體死了就是死了，能活過來的不會是同一個主體，重生後的不會是原來的那個人，就算長得很像。

重生有兩面，一面是死亡，另一面是生命。真正的重生必須先有徹底的死亡，真正的重生也必須帶來全新的生命，而這全新生命是那徹底死亡的一個直接後果。一個人徹底的死亡必須是這個人徹底的消失，重生不是舊的自己持續存在或再一次存在，而是一個全新自我的誕生。

當然，不是所有死亡都帶來新的生命，大部分的死亡就僅僅是自體毀滅。重生是極其稀有的，然而哪一種死亡會帶來新的生命？重生的祕密是什麼？我們也知之甚少。但縱然如此，我們還是瞥見了一些重生的祕密：

- **越能徹底向舊的自我道別，越能獲得新的自我，也就越有機會重生。**
- **捨不得自我，死亡就僅僅是自我毀滅，沒有帶來新生命。**

捨得自我、向舊的自我道別，其樣態有千百種，難以全面的說。就讓我說兩個故事，刻劃一角出來。

最好的道別是好好的活過

數年前，我有個朋友得到癌症，癌症發現沒多久，就必須推進手術房，動大手術。他是家人的支柱，對人也還不錯，所以手術房前聚集一堆親朋好友，為他擔心，愁雲慘霧滿滿的從每個人的心裡溢出來，哀傷瀰漫在手術室外。

慢慢的，護士推著病床上的他往手術室去，就在手術室前，朋友忽然轉過頭來面向大家，絲毫不是假裝來的，自自然然天天真真的笑了一笑，彷彿他要去一個美好的地方。那笑容讓大家揪緊的心解脫了，很像陽光灑下來。

後來我問朋友，為何能那麼笑？朋友說，我雖然不老，還能做許多美好的事，還能得到許多榮耀，但整體來看，我真是幸運，至今的一生是如此的美好，想到這裡，我怎能不滿心喜悅，當然，我也做過一些惡事，欠了自己也欠了別人，但整體看來，我的一生至此，還是讓我滿意的，有多滿意？滿意到，就算那天推進的不是手術室而是墳場，我也是滿心喜悅的。

他說，不要想死後的情景，那頂多是猜測與期待，而且總是帶著哀傷與懷疑。想想至今的一生，怎能不讓我們滿心喜悅。當一個人對於至今的一生感到滿意且喜悅時，我們這些朋友又怎會過於哀傷。所以，不要想死後的情景，多想想至今美好的一生。

最好的道別就是好好的活過。活過美好的一生，沒有遺憾，豈有留念，就可以好好的向那一生道別。其實，重點甚至不在於今生有憾還是無憾，而是好好道別。今生豈能無憾，把今生當成無憾，只是幫助我們好好向自己的一生道別。

我的朋友活過手術，癌症治療後人也變得不一樣了，彷彿重生。

麻醉七小時與睡著七小時的差別

幾年前，我動了一個歷時七小時的大手術，全身麻醉七小時，醫師在我身體裡「打擾」很久，這邊切啊那邊剪，東刮刮啊西縫縫，還剪剪貼貼。很神奇，麻醉了的那一秒與從麻醉醒來的那一秒，似乎是同一秒，中間那七小時彷彿不見了。假如照顧我的老婆告訴我，手術為時一小時或七天七夜，而不是真正的七個小時，我也都會相信的。

當然，我也常常睡七個小時，而我是個很能睡的人，是那種讀秒睡著而且睡得深沉的好命人。與動手術麻醉七小時的情形很類似，睡著睡醒之間的七小時彷彿也消失了。不過我感覺到，麻醉七小時與深層睡眠七小時之間還是有重要差別。不好說，但我覺得是這樣的：

那七個小時的大手術是有風險的，也就是麻醉之後，有可能再也醒不來了，死掉了。麻醉之前，我坦然接受這種可能性，也就是死亡的可能性。

當然，人再健康，都有可能一睡不醒，但一般我們想都不想，理所當然的認為睡眠之後會再醒來。正是這種「接受死亡是一種近期的可能性」，使得麻醉七小時不同於普通深度睡眠七小時。

我猜也正是因為這樣，手術前後我完全不在乎麻醉期間有沒有人讚美我或辱罵我，而一般睡覺前後，我多多少少、有意識無意識的總會猜想有沒有人在暗地裡讚美我或辱罵我。難怪，麻醉時的不醒特別甜美，真好睡啊！以後，我的一般睡著要練得和麻醉睡著一樣，才不管別人有沒有趁機讚美我或辱罵我。

徹底接受死亡是一種對今生的道別，是一種對舊的自我的道別，如此我們才有機會重生。

記憶與遺忘

聽說，我四歲多才張口說話，沒有語言，思想與世界渾沌無題，故事還沒開始。沒有故事哪來記憶，或許因為基礎差，再來的記憶力就特別差，老來只怕是越來越差，想來不能沒有恐懼。

記憶不好有很多不好，但是聽說記憶差是快樂的鑰匙，這對也不對，有著悲傷、煩惱、遺憾過去的人，記憶只能是痛苦之源，而對有著美好過去的人來說，記憶是快樂之源。

一個誠實快樂無遺憾的人，往回看、往前看，都是快樂的，這樣的人，年輕時是不需要記憶的。年老的時候，記憶好有著多重回報，但無論如何，一個誠實快樂無遺憾的人本身就是一個美好的存在狀態。

我的記憶差，常常不知真假，但傷疤會提醒我，過去哪些事真的存在。

過去總要面對的，而面對的關鍵是「現在過得如何」。當一個人身心不夠強壯時，過去就會追上來控制我們。身心疲憊時，負面心思開始從記憶中湧出，曾經和自己過不去的事，躍出來百般糾纏，甚至過去發生的好事也湧現，引人耽溺往昔。各種相互拉扯的昔日自己，拚命纏住今日的自己，裹住雙腳、趴在身上，讓人舉步維艱，眼前明明很小的坎卻怎麼也跨不過去。

眼前的艱難、挫折與困頓，常讓我們陷溺在記憶中，耽溺昔日的感覺裡，而缺乏創意或無力創新時，我們也常常只是重複過去。何況，過去不一定都是美好的事，今天的虛弱，召來的可能是過去的不堪。

虛弱時，在回憶中旅行得太深太遠，找不到撫慰，卻付出代價。疲憊時，不該遺忘的，總是常常遺忘了，不該記得的，卻總是記得一大堆。

但是，把「自己」與「自己的過去」當成彼此敵對的關係，這樣的定位並不周全，甚或有些失準。一個人虛弱時，過去就是敵人，但當一個人越強壯，過去越像是老朋友，過去的不同階段的自己，就像不同年紀的老朋友，我們可以常與這些老朋友聊天談心，特別是玩玩角色互換的對談遊戲，也總是可以回到現在的自己，繼續往前走。這是雙向的，一個人越強壯，越能不喪失自我的與自己的過去對談，而越能對談，就越發強壯。

趁著身心強壯時，多去拜訪過去的自己，問問，你們好嗎？我們好嗎？大家都好嗎？太久沒見面了，但又感覺沒那麼久，一定常常在心裡想著、嘴上唸著。一路走來，這些老朋友也不是一定意見或立場相同，但老朋友就是這樣，很容易略過、跳過、揭過各種意見衝突、立場差異與過節，回到原初夥伴感覺。

一經問候，再久不見的朋友，一見還是完全沒有客套，像是接續剛剛才中斷的對話。一寒暄一問暖，受傷的昔日自己獲得療癒，落寞的昔日自己獲得安慰，失望的昔日自己重新獲得希望，衰弱的昔日自己變得強壯，沒自信的昔日自己重拾信心，將滿滿的正能量傳遞給今日的自己。

遺憾還諸天地

哲學議題相當多，彼此間的差異也非常大。從數學哲學到文化哲學、從先蘇先秦到後現代、從非洲哲學到中南美洲解放神學，領域之廣已經夠讓人頭疼的，更不用說其中所涉及的議題，為數多到讓人瞠目結舌。難怪有人說，哲學應自成一學院，哲學如僅僅以一系所安置之，是讓大人穿嬰兒衣了。不過這些都是次要的事。

對我來說，哲學包山包海的大尺寸所造成的困擾，主要來自於它也關心人世間的事。

哲學議題少有定論，讓人有八分滿意的結論都屬罕見。常見的情形是採取A立場，縱然有優點，也有一些尚無法克服的缺點，但採取反對A的立場，也具有一些優點和無可否認的缺點。如果僅僅是智性上的討論，這種沒有明確、決定性結論的情形，不會產生立即而嚴重的後果，頂多導致（智性上的）懷疑論、相對主義或對哲學的失望。有時非但不會如此，反而會正面的讓人產生智性上的進展或智德上的成長（如容忍多元、承認自己的可錯誤性）。

但哲學的大尺寸使得它也關心人世間的議題，不僅如此，還常以一種入世的方式關心人世間的議題。這時，哲學討論的不確定性或缺乏決定性理由等情形，看起來會造成不少困擾。

以廢除死刑的爭論為例。我不是專家，但以我所知的理由，我會傾向支持反對死刑的理由，但對於支持死刑的好理由，我不僅現在無法一一反駁，在可見的未來，大約也無法做到。我相信，支持死刑的哲學家也無法徹底駁斥反對死刑的好理由。所以，就一個意思下，我們處在一個僵局上。不過，經過理性的論辯，這個僵局看起來被哲學演進成一個「有智慧深度」的僵局，不再只是充滿情緒與暴力的原始對峙僵局。

事實上，人世間的事總比想像的要複雜一些。在哲學思辨的世界中，甚至在象牙塔式的大學世界中，為了追求盡可能的完美，我們可以持續討論，不冒進採取最後的立場，讓智性的對峙持續存在。在智性的對峙中，我們可以採取假裝的、暫時的立場，甚至成為隨著理性而改變立場的牆頭草，這種牆頭草在哲學上是種美德象徵。

不過，在真實世界中，不容易找到這種理性牆頭草空間。在智性上，我們可以有條件的支持某種主張，哲學思考的終點可以是另一個哲學思考。在現實世界中，對於許多議題的哲學思考不能僅僅終止於哲學思考，哲學思考的終點是行動，而此一行動本身不是條件式的，它是乾乾脆脆的行動本身。例如，一個人不是支持廢除死刑，就是支持不廢除死刑。我們可以選擇的是這個世界給予的選項，在現實世界的選擇中，條件是世界給定的，不是我們靠想像加以設定的。世界不會為我們停止，我們的思考與衡量必須在某個時間點上停止，決定必須被做出來，而不能說，某些假想條件還未滿足，所以拒絕選擇（事實上，選擇不行動也是一種行動）。當然，之後選擇可以與先前的選擇不同，但每當做出一個選擇就是做出一個選擇。

於是善於哲學思考的人，好像容易在現實世界中陷入一個困局：知道自己的哲學思辨還未完善，但必須選擇立場，做出行動。即使如此，哲學思考還是可以幫助我們權衡哪一個選擇是比較好的。

除了「哲學思考雖然不能讓我們百分之一百確定自己的選擇是正確的，它還是可以幫助我們權衡哪一個選擇是較好的」的理由之外，針對現實世界中的議題進行哲學思考還有什麼好處？我認為還有一個是這樣的：

經過大家理性的反覆思辨，一個人現在決定選擇A來行動，這個「個人」的選擇若有錯誤，錯在「大家」智性上的限制或怠惰。注意，這不是「若有錯，你不能怪我壞，只能怪我笨」這種低程度的遁詞，而是經過充分的大眾理性討論，當決定的時機來臨，大家各自做了決定，其中若有錯，你不能怪個人的壞，只能怪大家在智性上的限制。

這就好像，一個人越是努力過，越有資格將失敗視為遺憾，還諸天地。

定位點 010

活出最值得過的人生

認識自己 x 轉換視角 x 抉擇未來，帶你穿越生命迷霧的66則思考智慧

作者｜林從一
責任編輯｜王慧雲（特約）、李佩芬
協力編輯｜李春枝
協力校對｜林昌榮
封面、內頁設計排版｜FE設計
行銷企劃｜溫詩潔

天下雜誌群創辦人｜殷允芃
董事長兼執行長｜何琦瑜
媒體暨產品事業群
總經理｜游玉雪
副總經理｜林彥傑
總監｜李佩芬
副總監｜陳珮雯
行銷總監｜林育菁
版權主任｜何晨瑋、黃微真

出版者｜親子天下股份有限公司
地址｜台北市104建國北路一段96號4樓
電話｜(02)2509-2800　傳真｜(02)2509-2462
網址｜www.parenting.com.tw
讀者服務專線｜(02)2662-0332　週一～週五 09:00~17:30
讀者服務傳真｜(02)2662-6048
客服信箱｜parenting@cw.com.tw

法律顧問｜台英國際商務法律事務所・羅明通律師
製版印刷｜中原造像股份有限公司
總經銷｜大和圖書有限公司　電話｜(02)8990-2588

出版日期｜2024年9月第一版第一次印行
定價｜420元
書號｜BKELS 010P
ISBN｜978-626-406-029-5（平裝）

訂購服務
親子天下 Shopping｜shopping.parenting.com.tw
海外・大量訂購｜parenting@cw.com.tw
書香花園｜台北市建國北路二段6巷11號　電話｜(02)2506-1635
劃撥帳號｜50331356 親子天下股份有限公司

國家圖書館出版品預行編目(CIP)資料

活出最值得過的人生：認識自己x轉換視角x抉擇未來，帶你穿越生命迷霧的66則思考智慧/林從一作. -- 第一版. -- 臺北市：親子天下股份有限公司, 2024.09

304面；14.8X21公分. -- (定位點；10)
ISBN 978-626-406-029-5(平裝)
1.CST: 人生哲學 2.CST: 生活指導

191.9　　113011643